www.ingramcontent.com/pod-product-compliance
Lightning Source LLC
Chambersburg PA
CBHW071825020426
42331CB00007B/1610
9789776194151

هل يحتاج لسانك إلى شفاء

ديريك برنس

هل يحتاج لسانك إلى شفاء

Originally published in English under the title
Does Your Tongue Need Healing?
ISBN 978-0-88368-239-5

Copyright © 1973, 2002 Derek Prince Ministries–International.
All rights reserved.

المؤلف : ديريك برنس
الناشر : المؤسسة الدولية للخدمات الاعلامية
ت: +٢٠ ١٠٠ ٨٥٥ ٩٨٨٩
المطبعة : مطبعة سان مارك ت: +٢٠٢ ٢٣٤١٨٨٦١
التجهيز الفني: جي سي سنتر ت: +٢٠٢ ٢٦٣٧٣٧٦٧
الموقع الالكتروني: www.dpmarabic.com
البريد الالكتروني : sales@dpmarabic.com
رقم الايداع : ٢٢٠٦٣-١/١٠/٢٠٠٧
الترقيم الدولي : 977-6194-15-x

Derek Prince Ministries–International
PO Box 19501
Charlotte, North Carolina 28219
USA
Translation is published by permission

Copyright © 2013 Derek Prince Ministries–International

www.derekprince.com

DPM

المحتويات

الفصل الأول

الموت أم الحياة ؟

عنوان دراستنا هـذه هـو السـؤال التـالي: هـل يحتاج لسانك إلى شفاء؟ وبينما نتابع تفاصيل هذا الموضوع معاً، ربما تستولي عليك ـ عزيزي القارئ ـ بعض الدهشة!

ونبـدأ بالإشـارة إلى أمـرٍ بالـغ الأهميـة، يتعلق بالطريقة التي صَمَّمَ بها الخالق رأس الإنسان. لكل منا سـبع فتحات في رأسـه، وغالبـاً مـا يتحدث هذا الرقـم في الكتـاب المقدس عـن الكمال. هناك سـت فتحات على شكل أزواج: عينـان اثنتان، وفتحتان للأنف. لكن الخالـق حدد الفـم بفتحـة واحدة هي السـابعة. كثيراً مـا سـألت الناس: «من منكم يتمنى لـو أن لـه أكثر من فم واحد؟»، ولكنـي لم أقابل أحداً

يتمنى ذلك؛ فأغلبنا يبذل كل جهده، لكي يتمكن من استخدام هذا الفم الواحد بطريقة صحيحة؛ فهو يسبب من المشاكل - بمفرده - ما لاتسببه الفتاحات الستة الأخرى مجتمعة.

راجع قاموس الكتاب المقدس، وسوف يذهلك عدد المرات التي تجد فيها كلمات مثل: فم، لسان، شفاه، كلام، وكلمة، وغيرها؛ فما أكثر ما يقوله الكتاب عن هذا الموضوع! وهو موضوع يستحق كل هذا الاهتمام بلا شك؛ إذ لا يوجد في شخصيتنا ناحية ترتبط مباشرة بكل كياننا أكثر من الفم واللسان.

الموت أم الحياة

نتناول، في بداية دراستنا هذه، عدداً من المقاطع الكتابية التي تؤكد على الأهمية الكبيرة للفم واللسان، ثم نبحث في بعض المبادئ المتعلقة بهذه المقاطع الكتابية. فلننظر أولاً في (مزمور ٣٤: ١١-١٣):

« هَلُمَّ أَيُّهَا الْبَنُونَ اسْتَمِعُوا إِلَيَّ فَأُعَلِّمَكُمْ

مَخَافَةَ الرَّبِّ».

مَنْ هُوَ الإِنْسَانُ الَّذِي يَهْوَى الْحَيَاةَ وَيُحِبُّ كَثْرَةَ الأَيَّامِ لِيَرَى خَيْراً؟

صُنْ لِسَانَكَ عَنِ الشَّرِّ وَشَفَتَيْكَ عَنِ التَّكَلُّمِ بِالْغِشِّ».

تعلّمنا كلمة **الله** «مخافة الرب» باعتبارنا أولاداً **لله**. لقد أعددت سلسلة من الدروس على أشرطة كاسيت، أُبيّنُ فيها المركز الفريد الذي تحتله «مخافة الرب» في كلمة **الله** المكتوبة؛ حيث تُنسب البركة والثمر واليقين إليها بطريقة أعظم من أي شيء آخر. وعندما تُعْلِن كلمة **الله** أنها تريد أن تعلّمنا مخافة الرب، فهذا يعني أنها تريد أن تعلمنا شيئاً ذا قيمة أبدية غير محدودة.

في هذا المزمور، يربط الكاتب بين «مخافة الرب» وبين «الحياة» و «كثرة الأيام». والواقع أن «الحياة المثمرة»، في الكلمة المكتوبة ترتبط ارتباطاً وثيقاً

ودائمـاً بـ «مخافة الـرب»؛ فعلى قدر ما نسلك في «مخافة الرب» نتمتع بالحياة الحقيقية.

فأين تبدأ - عملياً - مخافة الرب؟ الإجابة واضحة في المزمور حيث نقرأ: «**صُنْ لِسَانَكَ عَنِ الشَّرِّ وَشَفَتَيْكَ عَنِ التَّكَلُّمِ بِالْغِشِّ**». فالناحية الأولى التي تظهر فيها مخافة الرب في حياتنا هي ألسنتنا وشفاهنا؛ فإذا ما صنا ألسنتنا عن الشر وشفاهنا عن التكلم بالغش، نستطيع أن نتقدم إلى ملء مخافة الرب. أَمّا «الحياة» و«كثرة الأيام» المملوءة بالخير، فهي أمور تنبع من مخافة الرب. إنها مفاهيم عملية لا يمكن فصل أحدها عن الآخر: مخافة الرب، والخير في كثرة الأيام، والحياة الحقيقية، وصون اللسان والشفتين. فلا نستطيع أن نتمتع بحياة صالحة إلا إذا صنا ألسنتنا وشفاهنا.

يقول الحكيم في (أمثال ١٣: ٣):

«**مَنْ يَحْفَظُ فَمَهُ يَحْفَظُ نَفْسَهُ. مَنْ يَفْغَرُ**

شَفَتَيْهِ (يثرثر) **فَلَهُ هَلاَكٌ**».

النفس هي الإنسان كله، وهي أول مجال يظهر فيه الضعف، وأول جبهة يخترقها العدو؛ فمن أراد أن يحفظ نفسه، عليه بحفظ فمه أولاً، أما الثرثرة فهي مصدرٌ للدمار والهلاك. بكلمات أخرى: سَيْطِر على لسانك، تحظَ بالحماية؛ افقد السيطرة على لسانك وعلى كلماتك، تنتهِ إلى الدمار. إنها حقيقة واضحة لا لبْس فيها.

يزخر سفر الأمثال بهذه المبادئ. انظر (أمثال ٢١: ٢٣) مثلاً:

«**مَنْ يَحْفَظُ فَمَهُ وَلِسَانَهُ يَحْفَظُ مِنَ الضِّيقَاتِ نَفْسَهُ**».

مرة أخرى يؤكد الكتاب على أهمية حفظ الفم واللسان. ولا مجال هنا للحياد أيضاً، فإما أن تحفظ فمك ولسانك، فتحفظ بذلك حياتك ونفسك، وإما أن تفشل في ذلك، فتقود نفسك إلى الضيقات.

هناك مقطعان آخران في سفر الأمثال لهما أهمية عملية خاصة بخصوص استخدام اللسان:

« **هُدُوءُ اللِّسَانِ شَجَرَةُ حَيَاةٍ، وَاعْوِجَاجُهُ سَحْقٌ فِي الرُّوحِ** ». (أمثال ١٥: ٤).

أما الترجمة التفسيرية - كتاب الحياة - فتضع هذه الكلمات هكذا:

« **اللسان السليم يُنعش كشجرة حياة** ». وهذا أقرب إلى الكلمات العبرية الأصلية والتي تشير إلى «شفاء اللسان». يحتاج كل إنسان بعيد عن الرب إلى شفاء لسانه؛ فاللسان هو المجال الذي تظهر من خلاله الخطية دائماً. ربما نجد في حياة إنسان خاطئ ناحية أو أكثر لا تظهر فيها آثار الخطية، لكن اللسان ليس أحدها على الإطلاق، وينبغي أن يُشفى.

إذاً، « **شفاء اللسان شجرة حياة** لاحظ - ثانية - الصلة الوثيقة بين الحياة وبين استخدام اللسان

بصورة سليمة. أما البديل فهو أن «**اعوجاجه سحق في الـــروح**». والاعوجاج هو الاستخدام الخاطئ، ويؤدي إلى انكسار الروح وسحقها وتَصَدُّعها.

قَدِمَ أحدُ الخدّام ضيفاً على إحدى الكنائس، وكان يصلي مع الناس فطلب من أجل إحداهن قائلاً: «يا رب، املأها من الروح القدس.» فقال الراعي الذي كان يعرفها: «لا يا رب، إنها متصدعة تتسرب منها البركة!»، كثيرون يمتلئون من الروح وينالون بركة من عند الرب، لكنها سرعان ما تتسرب عبر اللسان. إذا أردت أن تحافظ على بركات الله عليك أن تضمن السيطرة على لسانك، فنوال البركة شيء، أما الحفاظ عليها فهو شيء آخر. نعم، إن شفاء اللسان شجرة حياة تُثمر بالحياة لنا وللآخرين، فهي تعمل في الداخل وفي الخارج على حدٍ سواء.

«**اَلْمَوْتُ وَالْحَيَاةُ فِي يَدِ اللِّسَانِ، وَأَحِبَّاؤُهُ يَأْكُلُونَ ثَمَرَهُ**». (أمثال ١٨: ٢١).

الخيــارات واضــحـة تمامـاً: المـوت أو الحيـاة،
وكلاهمـا في يـد اللسـان؛ إذا اسـتخدمناه بطريقـة
سـليمة، فالنتيجة هـي شجرة حياة، وإذا استخدمناه
بطريقـة خاطئة فالمـوت هو النتيجة. وسـيأكل كل
منـا ثمر لسانه بالتأكيد، حلواً كان ذلك الثمر أم مُرّاً،
وكلمة الله تؤكد ذلك. اللسـان عضـو فعال وحاسـم،
وفي يده الموت والحياة.

الفصل الثاني

يفيض القلب فيتكلم الفم

التوضيح التالي يبين العلاقة ما بين القلب والفم: عملت خلال الحرب العالمية الثانية مرافقاً طبيّاً مع الجيش البريطاني في شمال أفريقيا، وتم تعييني مسئولاً عن أحد المراكز الصغيرة في الصحراء؛ كان المركز مخططاً لاستقبال حالات الدوزنتاريا فقط.

في كل صباح كنا (أنا والطبيب المختص) نتفقد مرضانا على رمال الصحراء، وقد لاحظت أن الطبيب كان يبادر كل مريض بهاتين العبارتين دائماً: الأولى، «صباح الخير، كيف حالك اليوم؟» أما الثانية فهي، «أرني لسانك!» وسرعان ما لاحظت أن الطبيب لم يكن يولي اهتماماً كبيراً لإجابة سؤاله، «كيف حالك؟» بل كان ينتقل سريعاً إلى طلبه الثاني

«أرني لســانك». وعندما يُخرج المريض لسانه، كان الطبيب يتفحصه بعناية؛ فيحدد حالة المريض بناءً على ذلك، لا بناء على مـا يقوله المريض عن نفسه.

انطبعت هذه الصـورة في ذهني، وعندما تفرغت للخدمــة التبشيريــة، كثـيراً مـا رأيـت أن الله يعمـل بطريقة مشـابهة جداً لتلك الطريقة التي اتبعها ذلك الطبيـب مـع مرضـاه؛ فقـد يسـأل الله أحدنـا قائلاً: «كيف حالك اليوم؟» وقد نجيبه فنصف حالنا بشكل أو بـآخر، لكنني أعتقد أن الله يقول لنا بعد ذلك: «أرني لسـانك!»، وعندما ينظـر إلى ألسـنتنا، يحدد حقيقة حالتنا الروحية. إن حالة لسانك هي دليل أكيد يقود إلى كشف حالتك الروحية.

نؤكـد الآن هـذه الحقيقـة بالرجـوع إل كلمة الله المكتوبــة؛ فهنـاك الكثير من المقاطـع الكتابية التي تبين مبدأ الارتباط المباشـر بين القلب والفم. يقول يسوع في (متى ١٢: ٣٣ـ ٣٧):

«**اجْعَلُوا الشَّجَرَةَ جَيِّدَةً وَثَمرَهَا جَيِّداً، أَوِ اجْعَلُوا الشَّجَرَةَ رَدِيَّةً وَثَمرَهَا رَدِيّاً، لأَنْ مِنَ الثَّمَرِ تُعْرَفُ الشَّجَرَةُ. يَا أَوْلاَدَ الأَفَاعِي! كَيْفَ تَقْدِرُونَ أَنْ تَتَكَلَّمُوا بِالصَّالِحَاتِ وَأَنْتُمْ أَشْرَارٌ؟ فَإِنَّهُ مِنْ فَضْلَةِ الْقَلْبِ يَتَكَلَّمُ الْفَمُ. اَلإِنْسَانُ الصَّالِحُ مِنَ الْكَنْزِ الصَّالِحِ فِي الْقَلْبِ يُخْرِجُ الصَّالِحَاتِ، وَالإِنْسَانُ الشِّرِّيرُ مِنَ الْكَنْزِ الشِّرِّيرِ يُخْرِجُ الشُّرُورَ. وَلَكِنْ أَقُولُ لَكُمْ: إِنَّ كُلَّ كَلِمَةٍ بَطَّالَةٍ يَتَكَلَّمُ بِهَا النَّاسُ سَوْفَ يُعْطُونَ عَنْهَا حِسَاباً يَوْمَ الدِّينِ، لأَنَّكَ بِكَلاَمِكَ تَتَبَرَّرُ وَبِكَلاَمِكَ تُدَانُ**».

يؤكد الرب يسوع هنا على العلاقة المباشرة بين القلب والفم مستخدماً لغة المثال فيُشبّه القلب بالشجرة، والكلمات التي تخرج من الفم يُشَبّهُها بالثمر؛ فنوعية الكلمات تشير إلى حالة القلب. يقول يسوع: «**اَلإِنْسَانُ الصَّالِحُ مِنَ الْكَنْزِ الصَّالِحِ فِي الْقَلْبِ يُخْرِجُ الصَّالِحَاتِ** (الكلمات الصالحة)،

وَالإنْسَـانُ الشِّرِّيرُ مِـنَ الْكَنْزِ الشِّرِّيـرِ يُخْرِجُ الشُّرُورَ. (الكلمات الشريرة)».

يسـتخدم يسـوع الكلمـة «صـالح» ثـلاث مرات، والكلمة «شر» ومشتقاتها ثلاث مرات. نعم، إن القلب الصـالح ينتـج كلمات صـالحة من الفم، أمـا القلب الشرير فينتج كلمات شريرة.

بطـريقـة مشـابهـة، يقـول يسـوع في (متى ٧: ١٧-١٨):

«**هَكَذَا كُلُّ شَجَرَةٍ جَيِّدَةٍ تَصْنَعُ أَثْمَاراً جَيِّدَةً، وَأَمَّـا الشَّجَرَةُ الرَّدِيَّةُ فَتَصْنَـعُ أَثْمَاراً رَدِيَّةً. لاَ تَقْدِرُ شَجَرَةٌ جَيِّـدَةٌ أَنْ تَصْنَعَ أَثْمَاراً رَدِيَّةً، وَلاَ شَجَرَةٌ رَدِيَّةٌ أَنْ تَصْنَعَ أَثْمَاراً جَيِّدَةً**».

تحـدد طبيعة الشـجرة طبيعـة الثمر بـكل تأكيد، والعكس صـحيح أيضـاً؛ فطبيعـة الثمـر تدلنا على طبيعة الشـجرة. الشـجرة هنا هي القلـب، والثمر هو الفـم؛ لا يمكـن أن نحصـل على ثمر جيد من شـجرة

رديّة، أو على ثمر رديء من شجرة جيدة. إنها علاقة حتمية لا يمكن تجنبها، تلك العلاقة بين حالة القلب وحالة الفم.

قد نخدع أنفسنا بكل تلك الأفكار التي تشير إلى صلاحنا وطهارتنا وبرنا، إلا أن المؤشر الذي لا يخطئ هو مؤشر الفم وما يخرج منه؛ فإذا كان ما يخرج من الفم فاسداً، فلابد أن القلب فاسد أيضاً، ولا مجال لأي استنتاج آخر.

عملت معلماً لمدة خمس سنوات في شرق أفريقيا، كان جزءاً منها مع قبيلة تُدعى «الماريجولي» «marigoli». وقد دُهشت عندما اكتشفت أن الكلمة التي تعني «قلب» في لغتهم هي الكلمة نفسها التي تعني «صوت»، وكنت احتار عندما يستخدمها أحدهم أمامي؛ ألعله يقصد «قلبك» أو «صوتك؟» لكنني بدأت أدرك، بعد التأمل، العمق الحقيقي الذي تتميز به تلك اللغة؛ فالصوت والكلمات يتحدثان عن حالة

القلب، وهذا ما أكده الرب يسوع.

قد تخاطب **الله** قائلاً: «أنا مؤمن جيد يا رب، أنا أحبك وأداوم على الكنيسة». لكنني أعتقد أن **الله** سيطلب منك قائلاً: «أرني لسانك» كما فعل ذلك الطبيب في الصحراء، سيقول الرب «عندما أرى لسانك، أعرف حقيقة قلبك».

أقدم المزيد من التوضيح من خلال صورتين نبويتين من العهد القديم:

الأولى هي صورة المسيح نفسه «المسيا»، والثانية هي صورة عروس المسيح (الكنيسة). لاحظ - في كلا المثالين - أن التركيز الأكبر هو على حالة الفم والشفاه؛ يقدم (مزمور ٤٥: ١ - ٢) صورة نبوية رائعة عن المسيا:

«**فَاضَ قَلْبِي بِكَلاَمٍ صَالِحٍ. مُتَكَلِّمٌ أَنَا بِإِنْشَائِي لِلْمَلِكِ** (المسيح). **لِسَانِي قَلَمُ كَاتِبٍ مَاهِرٍ.** (بعد ذلك تأتي الكلمات التي يخاطب بها

المرنم الملك). **أَنْتَ أَبْرَعُ جَمَالاً مِنْ بَنِي الْبَشَرِ. انْسَكَبَتِ النِّعْمَةُ عَلَى شَفَتَيْكَ، لِذَلِكَ بَارَكَكَ اللهُ إِلَى الأَبَدِ**».

إنها صورة المسيا بنعمته وجماله وطهارته، فما هو أول جوانب هذا الجمال التي يظهرها المزمور؟ إنها النعمة التي انسكبت على شفتيه. بعد ذلك يقول الكاتب: «**لِذَلِكَ بَارَكَكَ اللهُ إِلَى الأَبَدِ**».

في هذا المقطع مبدآن أساسيان: الأول، هو أن نعمة المسيا أُظهرت أساساً على شفتيه، أما المبدأ الثاني فهو أن الله باركه بسبب النعمة التي على شفتيه. عندما ظهر المسيح بالجسد وأُرسل بعض الخدم للقبض عليه، عادوا بأيادي فارغة. وعندما سألهم الفريسيون ورؤساء الكهنة عن ذلك قالوا: «**لَمْ يَتَكَلَّمْ قَطُّ إِنْسَانٌ هَكَذَا مِثْلَ هَذَا الإِنْسَانِ**». (يوحنا ٧: ٤٦). إنها النعمة التي انسكبت على شفتيه، والتي ميزته كالمسيا.

هناك صورة نبوية للمسيح وعروسه (الكنيسة) والعلاقة بينهما في سفر نشيد الأنشاد؛ يخاطب سليمان العروس في (نشيد الأنشاد ٤: ٣) قائلاً:

« شَفَتَــاكِ كَسِلْكَةٍ (كخيط) مِنَ الْقِرْمِزِ، وَفَمُكِ حُلْوٌ. خَدُّكِ كَفِلْقَةِ رُمَّانَةٍ تَحْتَ نَقَابِكِ ».

أول ما يطالعنا به هذا العدد عن العروس هو شفتاها، « شَفَتَــاكِ كَسِلْكَةٍ (كخيط) مِنَ الْقِرْمِزِ، وَفَمُكِ حُلْوٌ ». ويشير اللون القرمزي إلى القداسة من خلال دم الرب يسوع. لقد لمس الدم شفتي العروس، فأصبح فمها حلواً. لاحظ أن الوجه مخبأ تحت نقاب، « خَدُّكِ كَفِلْقَةِ رُمَّانَةٍ تَحْـــتَ نَقَابِكِ »؛ إنه جمال خفي، إلا أن الصوت يخترق النقاب ويظهر فوق كل شيء، ونقرأ في الأصحاح نفسه:

« شَفَتَاكِ يَا عَرُوسُ تَقْطُرَانِ شَهْداً. تَحْتَ لِسَانِكِ عَسَلٌ وَلَبَنٌ، وَرَائِحَةُ ثِيَابِكِ كَرَائِحَةِ لُبْنَانَ ».

(نشيد الأنشاد ٤: ١١).

لاحظ الكلمتين المميزتين المرتبطتين بلسان العروس، «**عَسَلٌ وَلَبَنٌ**». وهما سمتان من سمات الأرض المقدسة. ثم هناك الرائحة الطيبة التي تلي وصف شفتي العروس، وتنفذ هذه الرائحة من ثيابها؛ فجمال العروس الحقيقي لا يُرى مباشرة، لكن صوتها ورائحتها ينفذان من خلال الثياب والنقاب ويظهران عبر جمال شفتيها. نعم، شفتاها كخيط من قرمز، وفمها حلو.

هل تنطبق عليك هذه الصفات كمؤمن تتبع يسوع؟ يحتاج كلٌ منا أن يسأل نفسه هذا السؤال.

الفصل الثالث

صورة اللسان في الكتاب المقدس

لقد اكتشفنا ـ فيما سبق ـ العلاقة المباشرة بين قلوبنا وأفواهنا، والملخصة في كلمات الرب يسوع في (متى ١٢: ٣٤): «مِنْ فَضْلَةِ الْقَلْبِ يَتَكَلَّمُ الْفَمُ»، فعندما يمتلئ القلب، يفيض بما فيه من خلال الفم، ويخبرنا هذا الفيض عن حالة القلب الحقيقية.

ورأينا أن العهد القديم يصّور المسيح وعروسه (الكنيسة)، موضحاً أن نعمة الله وروعة الجمال الروحي والأخلاقي تظهران على الشفتين ومن خلال الكلام.

نتابع الآن دراستنا متفحصين الصورة التي يقدمها الكتاب المقدس عن اللسان نفسه. وتتعرض

رسالة يعقوب إلى هذا الموضوع بإسهاب، حيث تبين أولاً بعض العلامات الرئيسية التي تميز الديانة التي يرفضها **الله**:

«**إِنْ كَانَ أَحَدٌ فِيكُمْ يَظُنُّ أَنَّهُ دَيِّنٌ، وَهُوَ لَيْسَ يُلْجِمُ لِسَانَهُ، بَلْ يَخْدَعُ قَلْبَهُ، فَدِيَانَةُ هَذَا بَاطِلَةٌ**».

ليس مُهماً مقدار التدّين الذي ندعيه؛ فقد نلتزم بالكنيسة، ونرنم، ونعمل كل الأشياء التي تُظهر تديننا، وهي أمور ليست سيئة بحد ذاتها، لكن إن لم نلجم ألسنتنا ونسيطر عليها، فكل مظاهر إيماننا باطلة. فليت المتدينين يواجهون هذه الحقيقة بصدق.

من جانب آخر، يتحدث يعقوب عن ما يسّميه «الديانة الطاهرة النقية عند **الله**، وهي تختلف عن التدين الذي نراه في معظم مرتادي الكنائس هذه الأيام:

«اَلدِّيَانَةُ الطَّاهِرَةُ النَّقِيَّةُ عِنْدَ اللَّهِ الآبِ هِيَ هَذِهِ: افْتِقَادُ الْيَتَامَى وَالأَرَامِلِ فِي ضِيقَتِهِمْ، وَحِفْظُ الإِنْسَانِ نَفْسَهُ بِلاَ دَنَسٍ مِنَ الْعَالَمِ».

(يعقوب ١: ٢٧).

فأول دلائل الإيمان الإيجابية ليس هو حضور الاجتماعات أو حتى قراءة الكتاب المقدس، بل هو مساعدة المحتاجين بدافع المحبة العملية، خاصة اليتامى والأرامل، تأمل جيداً في كلمات (يعقوب ١: ٢٦-٢٧)؛ فإن لم تكن تستطيع أن تسيطر على لسانك فأنت في قائمة أصحاب الديانة الباطلة. أما الإيمان الحقيقي فيظهر من خلال أعمال المحبة والإيمان، التي تضع الآخرين أولاً، وتقدم لهم كل مساعدة وقت الحاجة.

أعود ثانية إلى ذلك الطبيب الذي كان يسأل مرضاه عن صحتهم، ثم يطلب قائلاً: «أرني لسانك؛» فلم يكن مهتماً تماماً بما يقوله المريض عن نفسه،

بل كان سرعان ما يطلب رؤية لسانه. وهذا ما يقوله يعقوب مشيراً إلى موقف الله من التدين الكاذب؛ فإذا أردت أن تتباهى بتدينك أمام الله، تجده مهتماً أكثر برؤية لسانك، ثم يحكم إن كانت ديانتك باطلة مرفوضة، أو طاهرة مقبولة.

ويستخدم يعقوب عدداً من الصور لكي يوضح دور اللسان في حياتنا. نقرأ أولاً (يعقوب ٣: ٢):

«**لأَنَّنَا فِي أَشْيَاءَ كَثِيرَةٍ نَعْثُرُ جَمِيعُنَا. إِنْ كَانَ أَحَدٌ لاَ يَعْثُرُ فِي الْكَلاَمِ فَذَاكَ رَجُلٌ كَامِلٌ، قَادِرٌ أَنْ يُلْجِمَ كُلَّ الْجَسَدِ أَيْضاً**».

فالسيطرة على اللسان ـ كما يقول يعقوب ـ تتضمن السيطرة على الحياة كلها، ويكون الإنسان عندها كاملاً. ثم يتابع مقدماً بعض الأمثلة التوضيحية من الحياة الطبيعية.

«**هُوَذَا الْخَيْلُ، نَضَعُ اللُّجُمَ فِي أَفْوَاهِهَا لِكَيْ تُطَاوِعَنَا، فَنُدِيرَ جِسْمَهَا كُلَّهُ. هُوَذَا السُّفُنُ**

أَيْضاً، وَهِيَ عَظِيمَةٌ بِهَذَا الْمِقْدَارِ، وَتَسُوقُهَا رِيَاحٌ عَاصِفَةٌ، تُدِيرُهَا دَفَّةٌ صَغِيرَةٌ جِدّاً إِلَى حَيْثُمَا شَاءَ قَصْدُ الْمُدِيرِ. هَكَذَا اللِّسَانُ أَيْضاً، هُوَ عُضْوٌ صَغِيرٌ وَيَفْتَخِرُ مُتَعَظِّماً. هُوَذَا نَارٌ قَلِيلَةٌ، أَيَّ وُقُودٍ تُحْرِقُ؟ فَاللِّسَانُ نَارٌ! عَالَمُ الإِثْمِ. هَكَذَا جُعِلَ فِي أَعْضَائِنَا اللِّسَانُ، الَّذِي يُدَنِّسُ الْجِسْمَ كُلَّهُ، وَيُضْرِمُ دَائِرَةَ الْكَوْنِ، وَيُضْرَمُ مِنْ جَهَنَّمَ. لأَنَّ كُلَّ طَبْعٍ لِلْوُحُوشِ وَالطُّيُورِ وَالزَّحَّافَاتِ وَالْبَحْرِيَّاتِ يُذَلَّلُ، وَقَدْ تَذَلَّلَ لِلطَّبْعِ الْبَشَرِيِّ. وَأَمَّا اللِّسَانُ فَلاَ يَسْتَطِيعُ أَحَدٌ مِنَ النَّاسِ أَنْ يُذَلِّلَهُ. هُوَ شَرٌّ لاَ يُضْبَطُ، مَمْلُوٌّ سُمّاً مُمِيتاً». (يعقوب ٣: ٨).

يبين يعقوب أهمية اللسان الفريدة، وتأثيره العميق على مسار حياتنا كله. ويبدأ باستخدام مثال اللجام في أفواه الخيل؛ فإذا استطعنا أن نضع لجاماً في فم الحصان. استطعنا أيضاً أن ندير جسمه كله أينما نريد، والحصان في الكتاب المقدس يتحدث عن القوة الجسدية؛ فمهما كان الحصان قوياً، يمكن

أن تسـيطر عليه تماماً بواسطة اللجام في فمه. نعم، إن الطريق إلى إخضاع حصان قوي هو فمه، وكذلك بالنسبة إلينا أيضاً، لأن القوة التي تسيطر على أفواهنا، تسيطر بالتالي على حياتنا كلها.

ربما يكون المثال الثاني أكثر عمقاً وأدق تصويراً، حيث يشبه يعقوب اللسان بدفة السفينة؛ فالسفينة الضخمة التي لا تتحرك إلا بقوة الرياح العاصفة، تعتمد في تحديد مسارها على عجلة صغيرة جداً هو الدفة. إذا استخدمنا الدّفة بطريقة ملائمة سليمة، ترسو السفينة إلى الشاطئ سالمة آمنة؛ أما إذا أسأنا استخدام الدّفة، فالتحطُّم هو مصير السفينة على الأغلب. هكذا أيضاً في حياتنا كما يقول يعقوب؛ اللسان هو الدفة في سفينة الحياة، هو يحدد مسارها. فإذا استخدمنا اللسان كما ينبغي، قادنا إلى مصيرنا الموعود سالمين، وإذا أسأنا استخدامه تحطمت سفينتنا!

ثم يقدم يعقوب مثالاً من النار القليلة (أو «شرارة صغير» الترجمة التفسيرية، كتاب الحياة) التي تحرق وقـوداً كثيراً أو («غابة كبيرة» الترجمة التفسيرية، كتـاب الحياة)؛ فكم من الغابات التـي دمرتها النار في العـالم! وكـم مـن الثروات التـي التهمتهـا النار! وكانت البداية شرارة صغيرة كما يقول الكتاب! وقد استخدمت دائرة الحفاظ على الغابات في الولايات المتحـدة شعـاراً تقـول فيه: «أنـت وحدك تستطيع أن تمنـع حرائـق الغابات»، وهو شعـار صحيح في الحياة الروحية أيضـاً؛ فاللسان مثل شرارة صغيرة يمكـن أن تتحول إلى نيران خطـيرة، فَتُكَبِّدُ الكثيرين خسـائر فادحة. وما أكـثر النفوس والكنائس التي تدمرت بسبب شرارة لسـان صـغيرة، وضاعت إلى غير رجعةّ!

المثال الأخير الذي يقدمه يعقوب هو السم المميت؛ فاللسـان أداة قاتلة يمكن أن تُنتج سماً مميتاً يسري وينتشر في كل أجزاء حياتنا.

انظر إلى الأمثلة السابقة من جديد: اللجام في فم الحصان، دفة السفينة القليلة (الشرارة) التي تشعل الغابات، السم المميت الذي يُنفث في الجسد. هناك مبدأ واحد مشترك يميز هذه الصور كلها وهو أن اللسان عضو صغير في الجسد، لكنه يستطيع أن يسبب دماراً هائلاً قد يكون إصلاحه مستحيلاً.

ثم يتابع يعقوب مشيراً - مرة أخرى - إلى التقلب والتناقض اللذين يميزان المتدينين من الناس:

«**بِهِ (أي باللسان) نُبَارِكُ اللَّهَ الآبَ، وَبِهِ نَلْعَنُ النَّاسَ الَّذِينَ قَدْ تَكَوَّنُوا عَلَى شِبْهِ اللَّهِ. مِنَ الْفَمِ الْوَاحِدِ تَخْرُجُ بَرَكَةٌ وَلَعْنَةٌ! لاَ يَصْلُحُ يَا إِخْوَتِي أَنْ تَكُونَ هَذِهِ الأُمُورُ هَكَذَا! أَلَعَلَّ يَنْبُوعاً يُنْبِعُ مِنْ نَفْسِ عَيْنٍ وَاحِدَةٍ الْعَذْبَ وَالْمُرَّ؟ هَلْ تَقْدِرُ يَا إِخْوَتِي تِينَةٌ أَنْ تَصْنَعَ زَيْتُوناً، أَوْ كَرْمَةٌ تِيناً؟ وَلاَ كَذَلِكَ يَنْبُوعٌ يَصْنَعُ مَاءً مَالِحاً وَعَذْباً!**» (يعقوب ٣: ٩-١٢).

يكرر هنا يعقوب ما سبق وقاله يسوع، فالشجرة الصالحة تُنتج ثمراً صالحاً: شجرة التين في قلبك تخرج تيناً من فمك، وشجرة العنب تُخرج عنباً لا تيناً، ما يخرج من فمك يشير إلى ما في قلبك. هكذا أيضاً بالنسبة إلى نبع المياه، فالمياه العذبة من الفم تشير إلى النبع العذب في القلب، والمياه المُرَّة تشير إلى قلب مُر. إذاً، ما يخرج من الفم يشير بوضوح إلى حالة القلب.

الفصل الرابع
الكلمات تحدد المصير

الصور المختلفة التي يستخدمها يعقوب لتوضيح دور اللسان في حياتنا تحمل جوهراً واحداً: اللسان عضو صغير بحد ذاته، لكنه قادر على إحداث خراب هائل إذا تُرك بلا عناية. ومن بين الصور الأربع التي تعرضنا إليها (اللجام، الدفة، الشرارة، السم)، نجد أن صورة دفة السفينة هي الصورة الأكثر قدرة على توضيح أهمية اللسان العظيمة.

الدفة هي أداة صغيرة بالفعل، وهي جزء من السفينة يختفي تحت السطح، فلا يمكن رؤيتها عند مراقبة سفينة طافية على سطح المياه. رغم ذلك، فإن تلك الأداة الصغيرة غير المرئية تحدد مسار السفينة واتجاهها، والاستخدام الصائب للدفة يمكن السفينة من الوصول إلى هدفها. أما إذا أُسيء استخدامها،

فاحتمال تحطم السفينة وارد جداً. إذاً، الدفة تحدد مسار ومصير السفينة كلها.

فيما يلي مثال من تاريخ شعب الله القديم يساعدنا على فهم الدرس بأوضح الصور وأبسطها. أما الدرس الذي نسعى إلى إدراكه فيمكن تلخيصه بهذه الكلمات:

يحدد الإنسان مصيره من خلال الطريقة التي يستخدم بها لسانه. أما المثال التاريخي فنجده في الأصحاحين ١٣، ١٤ من سفر العدد حيث خرج الشعب القديم من مصر متوجهاً إلى أرض جديدة، فأرسل موسى اثنى عشر رجلاً لكي يتجسسوا الأرض، ويعرفوا طبيعتها وطبيعة ساكنيها ومدنها وأثمارها، ويقدموا تقريراً بذلك، فذهب الرجال الاثنا عشر (واحدٌ من كل سبط)، وتفحصوا الأرض أربعين يوماً متجوّلين فيها، ثم عادوا بتقاريرهم:

«فَسَارُوا حَتَّى أَتُوا إِلى مُوسَى وَهَارُونَ وَكُلِّ

جَمَاعَةِ بَنِي إِسْرَائِيلَ إِلَى بَرِّيَّةِ فَارَانَ إِلَى قَادِشَ وَرَدُّوا إِلَيْهِمَا خَبَراً وَإِلَى كُلِّ الجَمَاعَةِ، وَأَرُوهُمْ ثَمَرَ الأَرْضِ وَقَالُوا: «قَدْ ذَهَبْنَا إِلَى الأَرْضِ الَّتِي أَرْسَلْتَنَا إِلَيْهَا، وَحَقّاً إِنَّهَا تَفِيضُ لَبَناً وَعَسَلاً وَهَذَا ثَمَرُهَا. غَيْرَ أَنَّ الشَّعْبَ السَّاكِنَ فِي الأَرْضِ مُعْتَزٌّ، وَالمُدُنُ حَصِينَةٌ عَظِيمَةٌ جِدّاً. وَأَيْضاً قَدْ رَأَيْنَا بَنِي عَنَاقَ هُنَاكَ». (العدد ١٣: ٢٦ـ٢٨).

مـاذا تفعل بوعد يقدمه لك الله؟ أتقبله كما هو؟ أم تقبلـه ثم تقول: «غير أَنَ...» أو «لكـن...» إنها كلمات قاتلـة تنفثُ سموم الانزعاج والأسـى. أمّا يشوع وكالـب (اثنـان مـن الاثنـى عشـر) فلم يتخذا ذلك الموقـف السـلبي، إذ نقرأ في (عـدد ١٣: ٣٠: ٣١) مـا يلي:

«لكِنْ كَالبُ أَنْصَتَ الشَّعْبَ إِلَى مُوسَى وَقَال: «إِنَّنَا نَصْعَدُ وَنَمْتَلِكُهَا لأَنَّنَا قَادِرُونَ عَلَيْهَا». وَأَمَّا الرِّجَالُ الَّذِينَ صَعِدُوا مَعَهُ فَقَالُوا: «لا

نَقْدِرْ أَنْ نَصْعَدَ إِلَى الشَّعْبِ لِأَنَّهُمْ أَشَدُّ مِنَّا».

لاحظ الكلمات المستخدمة هنا: قال كالب:
«... لِأَنَّنَا قَادِرُونَ عَلَيْهَا»، بينما قال العشرة
الآخرون:

«لا نَقْدِرْ» كالب تكلم بإيجابية، بينما تكلم
الآخرون بسلبية، فإذا تابعنا القصة، نجد أن كل
فريق نال ما قاله تماماً؛ لقد حدد كلٌ مصيره من
خلال كلامه:

«فَقَالَ الرَّبُّ: «قَدْ صَفَحْتُ حَسَبَ قَوْلِكَ. وَلكِنْ
حَيٌّ أَنَا فَتُمْلَأُ كُلُّ الأَرْضِ مِنْ مَجْدِ الرَّبِّ، إِنَّ
جَمِيعَ الرِّجَالِ الَّذِينَ رَأَوا مَجْدِي وَآيَاتِي الَّتِي
عَمِلْتُهَا فِي مِصْرَ وَفِي البَرِّيَّةِ، وَجَرَّبُونِي الآنَ
عَشَرَ مَرَّاتٍ وَلَمْ يَسْمَعُوا لِقَوْلِي، لَنْ يَرَوا الأَرْضَ
الَّتِي حَلَفْتُ لِآبَائِهِمْ. وَجَمِيعُ الَّذِينَ أَهَانُونِي لا
يَرَوْنَهَا. وَأَمَّا عَبْدِي كَالِبُ فَمِنْ أَجْلِ أَنَّهُ كَانَتْ
مَعَهُ رُوحٌ أُخْرَى وَقَدِ اتَّبَعَنِي تَمَاماً، أُدْخِلُهُ

إلى الأَرْضِ التِي ذَهَبَ إِلَيْهَا، وَزَرْعُهُ يَرِثُهَا». (العدد ١٤: ٢٠- ٢٤).

فباعترافه الإيجابي بلسانه، حدد كالب مصيراً إيجابياً له ولنسله. ثم نتابع في (عدد ١٤: ٢٦- ٣٢):

«**وَقَالَ الرَّبُّ لِمُوسَى وَهَارُونَ: «حَتَّى مَتَى أَغْفِرُ لِهَذِهِ الجَمَاعَةِ الشِّرِّيرَةِ المُتَذَمِّرَةِ عَلَيَّ؟ قَدْ سَمِعْتُ تَذَمُّرَ بَنِي إِسْرَائِيلَ الذِي يَتَذَمَّرُونَهُ عَلَيَّ. قُلْ لَهُمْ: حَيٌّ أَنَا يَقُولُ الرَّبُّ لأَفْعَلَنَّ بِكُمْ كَمَا تَكَلَّمْتُمْ فِي أُذُنَيَّ. فِي هَذَا القَفْرِ تَسْقُطُ جُثَثُكُمْ جَمِيعُ المَعْدُودِينَ مِنْكُمْ حَسَبَ عَدَدِكُمْ مِنِ ابْنِ عِشْرِينَ سَنَةً فَصَاعِداً الذِينَ تَذَمَّرُوا عَلَيَّ. لَنْ تَدْخُلُوا الأَرْضَ التِي رَفَعْتُ يَدِي لأُسْكِنَنَّكُمْ فِيهَا، مَا عَدَا كَالِبَ بْنَ يَفُنَّةَ وَيَشُوعَ بْنَ نُونٍ. وَأَمَّا أَطْفَالُكُمُ الذِينَ قُلتُمْ يَكُونُونَ غَنِيمَةً فَإِنِّي سَأُدْخِلُهُمْ، فَيَعْرِفُونَ الأَرْضَ التِي احْتَقَرْتُمُوهَا. فَجُثَثُكُمْ أَنْتُمْ تَسْقُطُ فِي هَذَا القَفْرِ»**.

لاحـظ الكلمات: «... **لَأَفْعَلَــنَّ بِكُمْ كَمَا تَكَلَمْتُمْ فِي أُذُنَيَّ**». (ع ٢٨)، فكأنّ **الله** يقول لهم: «لقد حددتم مــا أفعله بكم بالكلمات التي نطقتـم بها. ونقرأ بعد ذلك:

«**أَمَّا الرِّجَالُ الذِينَ أَرْسَلهُمْ مُوسَى لِيَتَجَسَّسُوا الأَرْضَ وَرَجَعُوا وَسَجَّسُــوا عَلَيْهِ كُل الجَمَاعَةِ لإِشَاعَةِ المَذَمَّةِ عَلى الأَرْضِ، فَمَاتَ الرِّجَالُ الذِينَ أَشَاعُوا المَذَمَّةَ الرَّدِيئَةَ عَلى الأَرْضِ بِالوَبَا أَمَامَ الــرَّبِّ. وَأَمَّا يَشُوعُ بْنُ نُونَ وَكَالِبُ بْنُ يَفُنَّةَ مِنْ أُولئِــكَ الرِّجَالِ الذِينَ ذَهَبُوا لِيَتَجَسَّسُوا الأَرْضَ فَعَاشَا**».

(عدد ١٤: ٣٦ـ ٣٨).

المـوت والحيـاة في يد السـان؛ ما الـذي يمكن أن يكـون أوضـح مـن هـذا؟ فالذيـن تكلمـوا بـالهزيمـة والمـوت ماتوا، والذيـن قـالوا: «نقـدر...» قـدروا. وما أشبه حالنا، نحن أبنـاء العهد الجديد بحـال أهل العهد القـديم! يُنَبّهنا الكتاب المقدس إلى أننا نجتاز في تلك

الدروس نفسها التي جاز بها الشعب القديم، فنقرأ في (عبرانيين ٤: ١ ـ ٢):

«**فَلْنَخَفْ، أَنَّهُ مَعَ بَقَاءِ وَعْدٍ بِالدُّخُولِ إِلَى رَاحَتِهِ، يُرَى أَحَدٌ مِنْكُمْ أَنَّهُ قَدْ خَابَ مِنْهُ! لأَنَّنَا نَحْنُ أَيْضاً قَدْ بُشِّرْنَا كَمَا أُولَئِكَ، لَكِنْ لَمْ تَنْفَعْ كَلِمَةُ الْخَبَرِ أُولَئِكَ. إِذْ لَمْ تَكُنْ مُمْتَزِجَةً بِالإِيمَانِ فِي الَّذِينَ سَمِعُوا**».

فمازال الوعد بالدخول إلى الراحة قائماً كما كان لشعب **الله** القديم، لكن علينا أن نحذر من أن نخيب من وعد **الله** كما حدث معهم. كانت مشكلتهم هي أنهم سمعوا رسالة **الله** ووعده، لكنهم أضافوا إليها الكلمات المميتة: «غير أن ...»، وبدلاً من التركيز على وعد **الله** والاعتراف الجريء بإيمانهم بوعد **الله** وقدرته، ركزوا على الجانب السلبي؛ نظروا إلى العمالقة وإلى أسوار مدنهم فقالوا: «لا نقدر...» ولكن شكراً **لله** من أجل رجلين تمسكا بالإيمان والشجاعة

قائلين: «لأننا قادرون...»».

ماذا تفعل بلسانك عندما تقف أمام وعد إلهي يخص مسألة ما؟ هل تصدق وعد **الله**؟ هل تتوحد مع **الله** فتقول: «هذا ما قاله **الله**، وأنا قادر على السلوك بموجبه». أم تكون واحداً من أولئك القائلين: «لكن أنظر إلى كل هذه المشاكل! نعم، هذا ما قاله **الله**، غير أنني لا أشعر بالقدرة»؟

تذكر، لقد حّددَ أولئك الجواسيس مصائرهم بألسنتهم، وهذا ينطبق على كل من يسمع رسالة الإنجيل، حيث يحدد كل إنسان مصيره من خلال الكلمات التي ينطق بها.

لقد ركز عشرة من الجواسيس على المشاكل لا على الوعود، بينما ركز اثنان منهم (كالب ويشوع) على الوعود لا على المشاكل فقالا: « لأَنَّنَا قَادِرُونَ» أما الآخرون فقالوا: « لا نَقْدِرْ» لقد حدد كل فريق منهم مصيره بلسانه.

الفصل الخامس

أمـــراض اللســـان

درسـنـا مثــالاً من العهـد القديم يوضـح كيف أن «الموت والحياة في يد اللسان»، وتَعَلَّمنا أن استخدام اللســان بصـورة صـحيحة يثمر بالحيــاة، والعكس يقـود إلى المـوت. أمــا الآن فسـنذهب إلى دراسـة بضـعة أمراض محددة تتعلق بألسنتنا، ويمكن لهذه الأمراض الستة أن تكون مميتة إذا أُهمِلت.

المرض الأول: كثرة الكلام

هـذا مرضٌ مألوف جداً، حتـى أن النـاس أخذوا يقبلون بوجوده كأمر طبيعي مُسَلَّم به.

«**كَـثْرَةُ الْـكَلاَمِ لاَ تَخْلُو مِـنْ مَعْصِيَةٍ، أَمَّا الضَّابِطُ شَفَتَيْهِ فَعَاقِلٌ**». (أمثال ١٠: ١٩).

فإذا تكلّمتَ كثيراً، لا يمكن أن تتفادى الخطأ أبداً.

كما يحذرنا الكتاب المقدس من كثرة الكلام حتى في مخاطبة الله، الأمر الذي يحتاج أكثرنا إلى الانتباه إليه في (جامعة ٥: ١ ـ ٢):

«احْفَظْ قَدَمَكَ حِينَ تَذْهَبُ إِلَى بَيْتِ اللَّهِ، فَالاسْتِمَاعُ أَقْرَبُ مِنْ تَقْدِيمِ ذَبِيحَةِ الْجُهَّالِ، لأَنَّهُمْ لاَ يُبَالُونَ بِفِعْلِ الشَّرِّ. لاَ تَسْتَعْجِلْ فَمَكَ، وَلاَ يُسْرِعْ قَلْبُكَ إِلَى نُطْقِ كَلاَمٍ قُدَّامَ اللَّهِ، لأَنَّ اللَّهَ فِي السَّمَاوَاتِ وَأَنْتَ عَلَى الأَرْضِ، فَلِذَلِكَ لِتَكُنْ كَلِمَاتُكَ قَلِيلَةً».

قال لي أحدهم يوماً: «تذكر أن الكذب ليس خطية أكبر من الكذب بالترنيم.» نعم، لقد سمعت أناساً يرنمون كلمات التسليم الكامل والتكريس الفائق لله، مثل: «سلمت قلبي، خصصت حبي... أنا لكَ كلي بجملتي...» وكانوا هم أنفسهم يتهربون من دفع القليل من مالهم لعمل الرب. هذان موقفان متناقضان، فإن لم تكن حقاً مستعداً لتسليم حياتك

للرب، لماذا تقول له ذلك؟! ألا تدري أنك ستعطي أمامه حساباً عن كل كلمة قلتها أو رنمتها في محضره؟

نقرأ في الأصحاح نفسه من سفر الجامعة ما يشير إلى أننا سنُسأل عن كل ما نقوله ونرنمه ونصليه، ولا مجال بعد ذلك لأن نقول: «إنه سهو» (ع٦)، لأننا سنعطي حساباً عن كل كلمة خالية من الإخلاص وبعيدة عن التطبيق. ونتابع في (جامعة ٥: ٣):

«لأَنَّ الْحُلْمَ يَأْتِي مِنْ كَثْرَةِ الشُّغْلِ، وَقَوْلَ الْجَهْلِ مِنْ كَثْرَةِ الْكَلاَمِ».

وفي الترجمة التفسيرية، كتاب الحياة:

«فكما تراود الأحلام النائم من كثرة العناء، كذلك أقوال الجهل تصدر عن الإفراط في الكلام».

فكثرة الكلام إذاً هي علامة الجهل، وحديث الجاهل يُعرف من كثرة كلامه من دون الحاجة إلى

دليل آخر، حيث أن «أقوال الجهل تصدر عن الإفراط في الكلام» (الترجمة التفسيرية، كتاب الحياة). ما هو جذر المشكلة؟، أعتقد أنه يكمن في أن اللسان هو عضو لا يضبط، وذلك استناداً إلى ما يقوله يعقوب:

«**وَأَمَّا اللِّسَانُ فَلاَ يَسْتَطِيعُ أَحَدٌ مِنَ النَّاسِ أَنْ يُذَلِّلَهُ. هُوَ شَرٌّ لاَ يُضْبَطُ، مَمْلُوٌّ سُمّاً مُمِيتاً**».

(يعقوب ٣: ٨).

فكثيرو الكلام لا يضبطون ألسنتهم، وهم كثيرون في مجتمعاتنا المعاصرة. ألم تكن يوماً برفقة امرأة أو رجل صدَّع رأسك بكلامه الكثير الذي تخاله لن ينتهي أبداً؟ ما هو أصل المشكلة؟ إنه لسانٌ لا يُضْبط؛ إن كثرة الكلام دليل أكيد على أن هناك قلباً متعباً غير منضبط.

المرض الثاني: الكلام البطال

يقول يسوع في (متى ١٢: ٣٦):

«**وَلَكِنْ أَقُولُ لَكُمْ: إِنَّ كُلَّ كَلِمَةٍ بَطَّالَةٍ يَتَكَلَّمُ بِهَا النَّاسُ سَوْفَ يُعْطُونَ عَنْهَا حِسَاباً يَوْمَ الدِّينِ**».

يوما ما، سنقف ونُسأل عن كلمة بطالة نطقنا بها، والمقصود بالعبارة «كَلِمَةٍ بَطَّالَةٍ» أظن هو كل كلمة لا عمل لها، عديمة الجدوى، غير مخلصة، قيلت بلا مبالاة، وبلا نية صادقة لتطبيقها. وفي عظته على الجبل يؤكد يسوع قائلاً:

«**بَلْ لِيَكُنْ كَلاَمُكُمْ: نَعَمْ نَعَمْ، لاَ لاَ. وَمَا زَادَ عَلَى ذلِكَ فَهُوَ مِنَ الشِّرِّيرِ**». (متى ٥: ٣٧).

هنا عبارة تثير الدهشة، فإذا عمدنا إلى التكلم بما يزيد على حقيقة ما نقصد، جانحين إلى المبالغة غير الضرورية والتوكيد الذي في غير محله، فإننا بذلك نتكلم «من الشرير» أي من إبليس.

اسمحوا لي أن أضع الأمر كله في كلمات نصح بسيطة: «لا تقل ما لا تعنيه». أعدك بأن هذه القاعدة

البسيطة ستغير حياتك إذا طبقتها؛ ستصبح إنساناً آخر. جَرِّب ممارسة هذه العبارة منذ الآن ولمدة سنة، وستجد نفسك حينئذٍ شخصاً أفضل.

المرض الثالث: النميمة

« لاَ تَسْعَ فِي الْوِشَايَةِ بَيْنَ شَعْبِكَ ».

(لاويين ١٩: ١٦).

النميمة هي الكلام الذي ينزع إلى الوشاية، وهي تتضمن كلام الكذب والمبالغة والمكر والخبث. يُلقب الشيطان في العهد الجديد بـ «إبليس ـ Devil»، وهي من أصل يوناني يعني «الواشي، المشتكي، المشهر ـ Slanderer». هذا هو جذر المعنى وقصد الكتاب المقدس من ذلك اللقب؛ فإن كنت تتعامل بالنميمة والوشاية، فأنت تعمل عمل الشيطان، تقوم مقامه وتُمثِّله؛ فعلينا أن نحذر لا من شر النميمة فحسب، بل ومن قبولها من الآخرين أيضاً.

«**كلاَمُ النَّمَّامِ مِثْلُ لُقَمٍ حُلْوَةٍ، وَهُوَ يَنْزِلُ إِلَى مَخَادِعِ الْبَطْنِ**» (أمثال ١٨: ٨).

ما أصدق هذه الكلمات في التعبير عن الطبيعة البشرية! فعندما نسمع ما يسيء إلى أحدهم، شيء ما في أعماق قلوبنا يفرح! فـ «**كلاَمُ النَّمَّامِ مِثْلُ لُقَمٍ حُلْوَةٍ...**» كن يقظاً عندما تُقدَّم إليك لُقَم النميمة الحلوة لئلا تبتلعها، فهي سامة وإن استسغتها، قاتلة وإن كان طعمها حلواً. وعندما نبتلعها، يسري سم الغيرة في حياتنا.

«**اَلسَّاعِي بِالْوِشَايَةِ يُفْشِي السِّرَّ، فَلاَ تُخَالِطِ الْمُفَتِّحَ شَفَتَيْهِ**». (أمثال ٢٠: ١٩).

لاحظ مدى الترابط بين هذه الأمراض المختلفة، فإصغاؤك إلى النميمة يجعلك من المحرضين عليها؛ فمن يقبل سارقاً ويتعامل في الأشياء المسروقة، يكون شريكاً في السرقة ومحرضاً عليها في نظر القانون. هكذا أيضاً بالنسبة إلى النميمة.

إذا أصغيت إلى كلام النمَّام متسلياً بحديثه؛ فقد صرت محرضاً على النميمة. هذا ما يقوله الله في (مزمور ١٥: ١- ٣):

«**يَا رَبُّ، مَنْ يَنْزِلُ فِي مَسْكَنِكَ؟ مَنْ يَسْكُنُ فِي جَبَلِ قُدْسِكَ؟ السَّالِكُ بِالْكَمَالِ، وَالْعَامِلُ الْحَقَّ، وَالْمُتَكَلِّمُ بِالصِّدْقِ فِي قَلْبِهِ، الَّذِي لاَ يَشِي بِلِسَانِهِ، وَلاَ يَصْنَعُ شَرّاً بِصَاحِبِهِ، وَلاَ يَحْمِلُ تَعْيِيراً عَلَى قَرِيبِهِ**».

هناك عدة متطلبات للسكن في حضرة الله دائماً: السلوك بالكمال، العمل بالحق (أي بالبر)، والتكلم بالصدق حتى في أعماق القلب. وهناك ثلاثة أشياء ينبغي تجنبها: الوشاية باللسان؛ صنع الشرّ، وتعيير القريب. وفي العدد الرابع نتابع:

«**وَالرَّذِيلُ مُحْتَقَرٌ فِي عَيْنَيْهِ،...**» (مزمور ١٥: ٤). (والرذيل هنا هو «النمام») (الترجمة العربية الجديدة، المشتركة).

فليس كافياً ألا نشي بالآخرين، لكن علينا أن نرفض الواشين والنمامين أيضاً؛ علينا ألا نأكل اللقم الحلوة التي تقدمها النميمة لأنها مسمومة، وما أكثر الروابط والصداقات التي تسممت بسببها!

المرض الرابع: الكذب

ينبغي توخي الحذر في استخدام الكلمة المناسبة لوصف هذا المرض اللساني. ففي وصفه لما يقوم به بعض المبشرين، استخدم أحدهم المصطلح الساخر «التقارير التبهيرية!» عوضاً «التقارير التبشيرية». ذلك أن المبشر يرى أمامه مئتي شخص يتقدمون إلى الأمام في حملته الانتعاشية، فيبهِّر المشهد في تقريره لإرساليته (أي يضيف قليلاً من البهارات) جاعلاً المئتين خمسمئة! فهل هذا كذب أم مجرد مبالغة بريئة؟ إنه كذب بلا شك! إنني لا أقصد أن أنتقد أحداً، لكن من الضروري لكل واحد منا أن ينتبه وأن يحتاط، لئلا يجد نفسه كاذباً.

يتحدث الحكيم في (أمثال ٦: ١٦ - ١٩) عن سبعة أشياء يبغضها الله، والبغضة كلمة قوية جداً. هذا ما يقوله كاتب الأمثال:

«هَذِهِ السِّتَّةُ يُبْغِضُهَا الرَّبُّ، وَسَبْعَةٌ هِيَ مَكْرُهَةُ نَفْسِهِ:

عُيُونٌ مُتَعَالِيَةٌ. لِسَانٌ كَاذِبٌ. أَيْدٍ سَافِكَةٌ دَماً بَرِيئاً. قَلْبٌ يُنْشِئُ أَفْكَاراً رَدِيئَةً.

أَرْجُلٌ سَرِيعَةُ الْجَرَيَانِ إِلَى السُّوءِ.

شَاهِدُ زُورٍ يَفُوهُ بِالأَكَاذِيبِ، وَزَارِعُ خُصُومَاتٍ بَيْنَ إِخْوَةٍ».

من بين هذه السبعة التي يبغضها الله، هناك ثلاثة ترتبط باللسان:

أولاً: «لِسَانٌ كَاذِبٌ».

ثانياً: «شَاهِدُ زُورٍ يَفُوهُ بِالأَكَاذِيبِ».

ثالثاً: «وَزَارِعُ خُصُومَاتٍ بَيْنَ إِخْوَةٍ».

وكيف تزرع الخصومات إلا باللسان؟ إذاً، من بين سبعة أشياء يبغضها الرب هناك ثلاثة تتعلق باللسان، واثنان من الثلاثة يرتبطان بالكذب. وهذا ما تؤيده كلمات (أمثال ١٢: ٢٢) أيضاً:

«**كَرَاهَةُ الرَّبِّ شَفَتَا كَذِبٍ، أَمَّا الْعَامِلُونَ بِالصِّدْقِ فَرِضَاهُ**».

ولا مجال للحياد في هذه الكلمات، فإمّا «**كَرَاهَةُ الرَّبِّ**» **وإما** «**رضاه.**» ولا وَسَط بينهما. والخيار الآخر في هذا العدد هو بين نقيضين آخرين:

الصدق أو الكذب ولا ثالث لهما. فإما أن نقول الصدق فنتمتع برضى الله، أو نكذب فنقدم له ما يكره.

وتكمن المشكلة في أننا نحتفظ بالكثير من المساحات الرمادية في أذهاننا، مع أن كلمة الله لا تتوافق مع هذا اللون. أما إذا تتبعنا أصول الكذب، فإننا نكتشف أن إبليس هو مصدر الكذب كله؛ إنها

حقيقة مخيفة! وهاكم ما يؤكدها من كلمات يسوع نفسه. قال يسوع لأولئك المتدينين ورجال الدين في عصره:

«أَنْتُمْ مِنْ أَبٍ هُوَ إِبْلِيسُ، وَشَهَوَاتِ أَبِيكُمْ تُرِيدُونَ أَنْ تَعْمَلُوا. ذَاكَ كَانَ قَتَّالاً لِلنَّاسِ مِنَ الْبَدْءِ، وَلَمْ يَثْبُتْ فِي الْحَقِّ لأَنَّهُ لَيْسَ فِيهِ حَقٌّ. مَتَى تَكَلَّمَ بِالْكَذِبِ فَإِنَّمَا يَتَكَلَّمُ مِمَّا لَهُ لأَنَّهُ كَذَّابٌ وَأَبُو الْكَذَّابِ».

فكل كلمة كاذبة تخرج من أفواهنا، إنما آتية من إبليس. بقيت حقيقة أخرى، مهمة ومخيفة، تتعلق بمرض الكذب، وهي أنه مرض مميت، إلا إذا قاومناه وتمتعنا بالشفاء منه.

«وَأَمَّا الْخَائِفُونَ وَغَيْرُ الْمُؤْمِنِينَ وَالرَّجِسُونَ وَالْقَاتِلُونَ وَالزُّنَاةُ وَالسَّحَرَةُ وَعَبَدَةُ الأَوْثَانِ وَجَمِيعُ الْكَذَبَةِ فَنَصِيبُهُمْ فِي الْبُحَيْرَةِ الْمُتَّقِدَةِ بِنَارٍ وَكِبْرِيتٍ، الَّذِي هُوَ الْمَوْتُ الثَّانِي».

(رؤيا ٢١: ٨).

لاحظ المشمولين بهذه الدينونة: الخائفون أو («الجبناء» الترجمة العربية الجديدة، المشتركة)، غير المؤمنين، الرجسون أو («الأوغاد» الترجمة العربية الجديدة، المشتركة)، القاتلون، الزناة، السحرة أو («المتصلون بالشياطين» الترجمة التفسيرية، كتاب الحياة)، عبدة الأوثان، جميع الكذبة أو («الدجالين» الترجمة التفسيرية، كتاب الحياة). فلا مجال للتساهل أو التغاضي؛ فمصير هذا المرض وصاحبه **« فِي الْبُحَيْرَةِ الْمُتَّقِدَةِ بِنَارٍ وَكِبْرِيتٍ ».** فإذا سُلِّم أحدهم إلى الموت الثاني، انتهى الأمر. وها أنا أكرر ما قلت: إما الشفاء من مرض الكذب، وإما الموت.

في سفر ِ الرؤيا نقرأ عن مدينة الله، وفي

(رؤيا ٢٢: ١٥) بالتحديد نقرأ عن أولئك المطروحين خارج المدينة:

«لأَنَّ خَارِجاً الْكِلاَبَ وَالسَّحَرَةَ وَالزُّنَاةَ وَالْقَتَلَةَ وَعَبَدَةَ الأَوْثَانِ، وَكُلَّ مَنْ يُحِبُّ وَيَصْنَعُ كَذِباً»؛ فعلى كلٍّ منّا أن يحدد خياره: هل أريد أن أُشفى من مرض الكذب، أم أنا مستعد لأن أخسر نفسي إلى الأبد؟ فمرض الكذب قاتل ومميت، إلاّ إذا قاومناه وشُفينا.

المرض الخامس: التملق

«خَلِّصْ يَا رَبُّ لأَنَّهُ قَد انْقَرَضَ التَّقِيُّ، لأَنَّهُ قَد انْقَطَعَ الأُمَنَاءُ مِنْ بَنِي الْبَشَرِ. يَتَكَلَّمُونَ بِالْكَذِبِ كُلُّ وَاحِدٍ مَعَ صَاحِبِهِ، بِشِفَاهٍ مَلِقَةٍ بِقَلْبٍ فَقَلْبٍ* يَتَكَلَّمُونَ. يَقْطَعُ الرَّبُّ جَمِيعَ الشِّفَاهِ الْمَلِقَةِ وَاللِّسَانَ الْمُتَكَلِّمَ بِالْعَظَائِمِ، الَّذِينَ قَالُوا: «بِأَلْسِنَتِنَا نَتَجَبَّرُ. شِفَاهُنَا مَعَنَا. مَنْ هُوَ سَيِّدٌ عَلَيْنَا؟»». (مزمور ١٢: ١ - ٣).

* فقلب: أي بَقلْبَينْ، مُعْلَن ومستور. وذلك للإشارة إلى النفاق (انظر ترجمات أخرى).

يصف داود هنا حالة من الانحطاط الأخلاقي عند الإنسان، ولسنا أمام صورة مختلفة عما هو سائد في عالمنا اليوم؛ فالأتقياء والأمناء قليلون، والنتيجة أن الناس «**يَتَكَلَّمُونَ بِالْكَذِبِ كُلٌّ وَاحِدٍ مَعَ صَاحِبِهِ، بِشِفَاهٍ مَلِقَةٍ...**» وها هي دينونة الله المعلنة على مثل أولئك: «**يَقْطَعُ الرَّبُّ جَمِيعَ الشِّفَاهِ الْمَلِقَةِ وَاللِّسَانَ الْمُتَكَلِّمَ بِالْعَظَائِمِ،...**» ويحذِّرُنا الكتاب في (أمثال ٢٦: ٢٨) قائلاً:

«**اَللِّسَانُ الْكَاذِبُ يُبْغِضُ مُنْسَحِقِيهِ، وَالْفَمُ الْمَلِقُ يُعِدُّ خَرَاباً**».

فالتملق وقبول كلام المتملقين، كلاهما يقودان إلى الخراب. «**اَلرَّجُلُ الَّذِي يُطْرِي صَاحِبَهُ** (أي «يتملقه» الترجمة التفسيرية، كتاب الحياة) **يَبْسُطُ شَبَكَةً لِرِجْلَيْهِ**». (أمثال ٢٩: ٥).

إنها حقيقة لَمَسْتها بالتجربة العملية بعد سنوات عديدة في الخدمة؛ فهناك من يجاملون بكلمات

التملُّـق والإطراء غير مُخلصِـين ، إذ أن هنـاك دوافـع أخرى خلف أسـاليبهم هذه. ولولا نعمـة **الله**، لانزلقت قدمـاي في شـباك التملـق أكـثر من مـرة، ولوجدت نفسـي ملتزماً بأمر ما أو مرتبطـاً بعلاقـة ما خـارج إرادة **الله**. تذكـر هـذا دائمـاً: «**وَالْفَـمُ الْمَلِقُ يُعِدُّ خَرَاباً.**»، و «**اَلرَّجُلُ الَّذِي يُطْرِي صَاحِبَهُ يَبْسُطُ شَبَكَةً لِرِجْلَيْهِ**».

المرض السادس: التسرع في الكلام

«**أَرَأَيْـتَ إِنْسَاناً عَجُـولاً فِي كَلاَمِهِ؟ اَلرَّجَاءُ بِالْجَاهِلِ أَكْثَرُ مِنَ الرَّجَاءِ بِهِ.**» (أمثال ٢٩: ٢٠).

فـالتسـرع في الكلام يجعل حـالنا أسـوأ من حـال الجاهل، وهـي حقيقة قوية وصريحـة، لأن الكتـاب المقدس لا يقول شيئاً صالحاً عن الجهل والجهال.

يُحَدِّثنـا الكتاب عن حالة واحـدة من التَسَرُّع في الكلام، وعن الثَّمن الذي تكلَّفَه ذلك العَجول المتسرع: أَمَر **الله** موسى أن يقف أمام الشعب وأن يُكَلِّم الصخرة

فيخرج منها ماءٌ للشعب. لكن موسى كان غاضباً جداً من الشعب فاندفع قائلاً لهم: «... «**اسْمَعُوا أَيُّهَا الْمَرَدَةُ!** (أي المتمردون)، **أَمِنْ هَذِهِ الصَّخْرَةِ نُخْرِجُ لَكُمْ مَاءً؟**» (سفر العدد ٢٠: ١٠). بمعنى «أعلينا أن نخرج لكم من هذه الصخرة ماءً؟» (الترجمة التفسيرية، كتاب الحياة). ثم ضرب موسى الصخرة بدلاً من أن يُكلّمها (انظر عدد ٢٠: ٧ـ ١٢). لقد عبر موسى عن عدم طاعته للرب من خلال كلمات متسرعة، الأمر الذي جعله يفقد امتياز قيادة الشعب والدخول معهم إلى أرض الموعد؛ هذا ما يصفه (مزمور ١٠٦: ٣٢ـ ٣٣):

«**وَأَسْخَطُوهُ عَلَى مَاءِ مَرِيبَةَ، حَتَّى تَأَذَّى مُوسَى بِسَبَبِهِمْ، لأَنَّهُمْ أَمَرُّوا رُوحَهُ حَتَّى فَرَطَ بِشَفَتَيْهِ**».

لاحظ التشخيص: روح مرّة تؤدي إلى أن نُفرط بشفاهنا، أي أن نتجاوز حدودنا بالكلام، الأمر

الـذي يكلفنـا الكثير مـن الامتيـازات والـبركات؛ ألا ينبغي علينا أن نحذر من التَسَرُّع في الكلام، فنحمي أنفسنا من خسارة روحية فادحة؟

الفصل السادس

جــذر المشكلة

لقــد وَفّــر الله في كلمتـه نعمة لشـفـاء اللســان، أما الخطوة المبدئية في تحقيق هذا الشفاء، فهي التعُّرف علـى جـذْر المشـكلة. إن شـهـادة كلمــة الله المكتوبة واضـحـة لا لبس فيها: جذر كل مشاكل اللسان يكمن في القلب. قال يسوع :

« اِجْعَلُــوا الشَّجَرَةَ جَيِّــدَةً وَثَمَرَهَا جَيِّداً، أَوِ اجْعَلُــوا الشَّجَرَةَ رَدِيَّةً وَثَمَرَهَــا رَدِيّاً، لأَنْ مِنَ الثَّمَرِ تُعْرَفُ الشَّجَرَةُ. يَــا أَوْلاَدَ الأَفَاعِي! كَيْفَ تَقْــدِرُونَ أَنْ تَتَكَلَّمُوا بِالصَّالِحَاتِ وَأَنْتُمْ أَشْرَارٌ؟ فَإِنَّهُ مِنْ فَضْلَــةِ الْقَلْبِ يَتَكَلَّمُ الْفَــمُ. اَلإِنْسَانُ الصَّالِــحُ مِنَ الْكَنْزِ الصَّالِــحِ فِي الْقَلْبِ يُخْرِجُ الصَّالِحَاتِ، وَالإِنْسَانُ الشِّرِّيرُ مِنَ الْكَنْزِ الشِّرِّيرِ يُخْرِجُ الشُّرُورَ». (متى ١٢: ٣٣ ـ ٣٥).

الشـجرة هي القلب، والثمر هـو الكلام؛ فالكلمات التـي تخرج مـن الفم، تحـدد حالة القلـب: الكلمات الصالحة تشـير إلى قلب صـالح، والكلمات الشريرة الرديئـة تشـير إلى قلـب رديء شرير؛ إمّـا أن يكون القلب صـالحاً أو شريـراً، وما يفيض بـه القلب عبر الشفتين يشير إلى محتواه.

عندمـا يفيض بعض الماء القليل من وعاء كبير، ونرى أنَّ الماء الذي انسكب هو ماء قذر، لا نحتاج إلى أن نفحص ما تبقى في الوعاء من ماء، فهو جميعه قذر أيضاً؛ هذا ينطبق على قلوبنا، فإن كانت مملوءة بالشر والنجاسة وعدم الإيمان، فإننا ننطق بكلمات فاسدة تشير إلى الحالة السائدة في هذه القلوب.

لنقـارن الآن مـا قرأنـاه مـن متـى مـع (يعقوب ٣: ٩-١٢)، حيث يتحدث يعقوب عن التناقض والتقلب اللذين يعاني المتدينون منهما فيقول:

«**بِهِ نُبَارِكُ اللَّهَ الآبَ، وَبِهِ نَلْعَنُ النَّاسَ الَّذِينَ**

قَدْ تَكَوَّنُوا عَلَى شَبْهِ اللَّه. مِنَ الْفَمِ الْوَاحِدِ تَخْرُجُ بَرَكَةٌ وَلَعْنَةٌ! لاَ يَصْلُحُ يَا إِخْوَتِي أَنْ تَكُونَ هَذِهِ الأُمُــورُ هَكَذَا! أَلَعَلَّ يَنْبُوعاً يُنْبِعُ مِنْ نَفْسِ عَيْنٍ وَاحِدَةٍ الْعَذْبَ وَالْمُرَّ؟ هَلْ تَقْدِرُ يَا إِخْوَتِي تِينَةٌ أَنْ تَصْنَــعَ زَيْتُوناً، أَوْ كَرْمَةٌ تِيناً؟ وَلاَ كَذَلِكَ يَنْبُوعٌ يَصْنَعُ مَاءً مَالِحاً وَعَذْباً!».

يستخدم يعقوب صورتي الينبوع والشجرة في هذه الفقرة؛ ويقول إنّ شجرة التين لا تصنع زيتوناً أبداً، فنوع الشجرة يحدد نوع الثمر. إنها الصورة عينها التي استخدمها يسوع، فالشجرة هي القلب والثمر هو الكلام. ثم يقول يعقوب بأن ماءً مراً مالحاً يخرج من نبع مياه يدل على أن ماء النبع كله مرٌّ ومالح».

هاتان الصورتان (الينبوع والشجرة) متوازيتان، إلا أنهما ليستا متطابقتين؛ فالشجرة الردية تشير إلى الإنسان القديم، أما الصالحة فتشير إلى الإنسان

الجديد في يسوع المسيح؛ فالقديم لا ستطيع أن ينتج ثمراً صالحاً، هذا ما أَكّده يسوع مراراً: الطبيعة الجسدية القديمة لا تنتج إلا ثمراً يتناسب مع تلك الطبيعة. أما الينبوع فهو إشارة إلى الروح: الينبوع العذب النقي هو الروح القدس، أما الينبوع المالح المر فهو روح آخر.

فعندما يشير الفم إلى وجود فسادٍ ما، فنحن أمام مشكلتين محتملتين:

الأولى هي أن الطبيعة القديمة الفاسدة لم تتغير بعد، ومن الطبيعي أن تنتج هذه الطبيعة ثمراً فاسداً؛ أما الثانية فهي تدخل روح آخر، ليس هو روح **الله**، فينبع ذلك الروح ماءً نجساً، وجوهر التعليم واحدٌ في الحالتين: حالة القلب الداخلية تحدد ما يخرج من الفم. وهذا يقودنا إلى معرفة المزيد عن مشكلة القلب. يواجهنا سليمان في (أمثال ٤: ٢٣) بالحقيقة التالية:

« فَوْقَ كُلِّ تَحَفُّظٍ احْفَظْ قَلْبَكَ لأَنَّ مِنْهُ مَخَارِجَ الْحَيَاةِ ».

«مخارج الحياة» تعني «ينابيع الحياة» (الترجمة العربية الجديدة المشتركة). وهذا يتوافق مع صورة الينبوع التي استخدمها يعقوب، حيث تشير المياه الخارجة من الينبوع إلى حالة الينبوع كله. انظر في كلمات (أمثال ٤: ٢٣) كما وردت في الترجمة العربية الجديدة المشتركة:

« من كل تكبر احفظ قلبك، لأن منه ينابيع الحياة ».

فالمصدر هو القلب إذاً، سواء فاض من خلال حياتك أو من خلال لسانك؛ فإذا كان المصدر طاهراً، كان ما ينبع منه طاهراً أيضاً؛ إن كان المصدر فاسداً، كان ما ينبع منه فاسداً أيضاً.

الآن نستطيع أن نضع كلمات (عبرانيين ١٢: ١٥-١٦) في سياق حديثنا:

«مُلاحِظِينَ لِئَلاَّ يَخِيبَ أَحَدٌ مِنْ نِعْمَةِ اللهِ. لِئَلاَّ يَطْلُعَ أَصْلُ مَرَارَةٍ وَيَصْنَعَ انْزِعَاجاً، فَيَتَنَجَّسَ بِهِ كَثِيرُونَ. لِئَلاَّ يَكُونَ أَحَدٌ زَانِياً أَوْ مُسْتَبِيحاً كَعِيسُو، الَّذِي لأَجْلِ أَكْلَةٍ وَاحِدَةٍ بَاعَ بَكُورِيَّتَهُ».

كانت البكورية* من حق عيسو، لكنه باعها وخسرها. ويمكن أن نحظى نحن من **الله** بما يشبه البكورية من خلال وعد إلهي خاص؛ فإذا لم نسلك كما يحق لهذا الوعد، نخسر بكوريتنا وميراثنا، تماماً كما حدث مع الجواسيس العشرة الذين جاءوا بتقرير سلبي.

ويرجع سبب سلوك عيسو هذا إلى أصل مرارة في قلبه ضد أخيه يعقوب، وقد أثمرت المرارة في

* البكورية: كان البكر يتمتع بامتيازات خاصة عند اليهود، منها نيابة البكر لأبيه، وأخذه نصيب اثنين مما لأبيه، وأن يكون له نصيب أكبر من البركة، وتكريسه الكامل للرب (ثم ناب اللاويون عن الأبكار في الكهنوت)، انظر (خروج ٢٢: ٢٩) و (تثنية ٢١: ١٧).

حياته فأفسدتها، وقادته إلى خسارة بكوريته، أنظر (تكوين ٢٥: ١٩ ـ ٣٤). فجذر المشكلة كان مغروساً في أعماق القلب.

يحذرنـا الكتـاب من أن أصـل (أو جـذر) المرارة في القلـب، قـد تـؤدي إلى أن يتنجسـ بـه آخرون أيضاً؛ ففسـاد اللسـان وسوء اسـتخدامه مرض معدٍ. عندمـا جاء الجواسـيس العشرة بتقريرهم السـلبي، أفسدوا الشـعب كله، وأصيب الجميع بمرض السلبية والتخـاذل؛ هـذا هو أحد أسـباب تعامـل الله مع هذا المرض بجدية واهتمـام، فهو مرضٌ مُعْدٍ.

وهنـاك أمثلـة أخـرى عن جذور الشـر الكامنة في قلوبنـا، والتي تظهـر من خـلال ألسـنتنا، فتسـبب المشـاكل التـي تسـلب البركة التـي أعدهـا الله. من هـذه الجذور نذكر الغيظ، والنجاسـة، وعدم الإيمـان، والكبريـاء. فمهمـا كانت طبيعة الجـذور في قلوبنـا، لابد وأن تظهر نفسها من خلال الكلام. ربما نريد أن

نكون لطفاء ونريد لكلامنا أن يكون نعمة للسامعين، لكن الغيظ يسمم كلماتنا، ويسود روح الغيظ علينا، فنحاول أن نقول شيئاً جميلاً ولا نستطيع. وقد يدعي أحدنا الإيمان، إلا أن جذر عدم الإيمان يقوده إلى مثل ما فعل أولئك الجواسيس العشرة الذين أضافوا العبارة «غير أن...» إلى وعود الله، ويصدق هذا أيضاً على النجاسة والكبرياء.

اسمحوا لي أن أذكركم مجدداً بذلك الطبيب الذي يعالج مرض الدوزنتاريا: كان يسأل أولاً، «كيف حالك؟»، لكنه لم يكن يعتمد على إجابة المريض عن هذا السؤال، فكان يسارع إلى الطلب قائلاً للمريض، «أرني لسانك.» فماذا تفعل أنت لو قال لك الله، «أرني لسانك»؟.

الفصل السابع
خطوات الشفاء الأولى

دعونـا ننظـر الآن في ثلاث خطوات كتابية عملية بسيطة تخص مشكلة اللسان:

الخطوة الأولى: سَمِّ المشكلة باسمها الحقيقي (الخطية).

الأمانــة ضروريــة جـداً، فتبريـر المشـكلة أو التظاهر بعدم وجودها، وإخفاؤها أو التغاضي عنها مسـتندين إلى الوهم ومتلاعبين ببعض مصطلحات علـم النفس لا يحل المشـكلة أبداً، نحتـاج إلى لحظة صـدق مـع النفس. لقد رأيت ذلـك كثيراً في تعاملات الله مع الناس: عندما نختبر موقف الصـدق، يتحرك الله ويعمل فينا، أمـا اختلاق الأعذار وتغيير الأسـماء فلا يؤدي إلى عمـل الله. نقول أحيانـاً: «يا رب، لماذا

لا تساعدنا؟» فيجيب **الله** - وإن لم نسمع - قائلاً: «أنا أنتظر صدقك وأمانتك مع نفسك ومعي.» هذه هي الخطوة الأولى والأكثر أهمية: سمِّ مشكلتك باسمها (خطية)، بعد ذلك، تكون قد وضعت قدميك بالفعل على طريق الحل.

يميل المتدينون إلى استخدام أساليب كثيرة لتبرير إساءة استخدام اللسان، وتزوير حقيقة المشكلة؛ فحين نعتقد أن ما نقوله لا يهم كثيراً، يقول **الله** إن ما نقوله في منتهى الأهمية. وقد سبق وبينا أنك تحدد مصيرك من خلال ما تقول. قال يسوع: « **لأَنَّكَ بِكَلاَمِكَ تَتَبَرَّرُ وَبِكَلاَمِكَ تُدَانُ** » . (متى ١٢ : ٣٧). إنه أمر خطير، فلا تستهن به أبداً، بل قف وقفة صدق وقل: «أنا أعاني من مشكلة في لساني، وهي خطية.» حينئذٍ، تكون جاهزاً للخطوة الثانية.

الخطوة الثانية: اعترف بخطيتك، واقبل الغفران والتطهير، نرى هذا بوضوح في (١ يوحنا ١ : ٧ ـ ٩):

«وَلَكِنْ إِنْ سَلَكْنَا فِي النُّورِ كَمَا هُوَ فِي النُّورِ، فَلَنَا شَرِكَةٌ بَعْضِنَا مَعَ بَعْضٍ، وَدَمُ يَسُوعَ الْمَسِيحِ ابْنِهِ يُطَهِّرُنَا مِنْ كُلِّ خَطِيَّةٍ. إِنْ قُلْنَا إِنَّهُ لَيْسَ لَنَا خَطِيَّةٌ نُضِلُّ أَنْفُسَنَا وَلَيْسَ الْحَقُّ فِينَا. إِنِ اعْتَرَفْنَا بِخَطَايَانَا فَهُوَ أَمِينٌ وَعَادِلٌ، حَتَّى يَغْفِرَ لَنَا خَطَايَانَا وَيُطَهِّرَنَا مِنْ كُلِّ إِثْمٍ».

نلاحظ من جديد أهمية الصراحة والأمانة والصدق؛ فدم يسوع لا يطهر في الظلمة. فقط عندما نأتي إلى النور، نستطيع أن نقبل التطهير بدم يسوع. فإذا سلكنا في النور، دم يسوع المسيح يطهرنا باستمرار من كل خطية ويحفظنا طاهرين. إن قلنا إننا بلا خطية، وهي المشكلة الحقيقية التي ذكرناها سابقاً وليس الحق فينا، ولا نكون سالكين في النور بل في الظلمة، لذلك لا تعمل فينا نعمة **الله**.

أما الخيار الآخر فهو إن اعترفنا بخطايانا، وجئنا إلى النور مقرين بطبيعة مشكلتنا الحقيقية

ومُدركين لخطورتها ـ فالله «أمين وعادل حتى يغفر لنا خطايانا ويطهرنا من كل إثم؛» فالله أمين لأنه وعد وسيفي بوعده، وهو عادل لأن يسوع دفع أجرة خطايانا على الصليب. لذلك، يستطيع الله أن يغفر لنا من دون أن يساوم على عدالته.

تعدنا كلمة الله بالغفران والتطهير إذا اعترفنا بخطايانا، وهي حقيقة تضمنها أمانة الله وعدالته. ونرى أن الله لا يغفر لنا فحسب، لكنه يطهرنا أيضاً. وهذا أمر بالغ الأهمية، فعندما تتطهر قلوبنا التي منها ينابيع الحياة، لا نعود نرتكب الخطايا نفسها فيما بعد.

فماذا إذا اعتقدت أن خطاياك قد غُفرت، ثم اكتشفت بالتجربة أنك لم تتطهر بالفعل؟ في هذه الحالة، هناك علامة استفهام حول حقيقة غفران خطاياك؛ فالله الذي يغفر، يطهر أيضاً، والعدد الكتابي الذي يقدم لنا وعد الغفران، يقدم وعد التطهير أيضاً،

والله لا يقف في منتصف الطريق. إذا حققنا الشروط اللازمة معترفين بخطايانا، نحصل على الغفران والتطهير معاً، وإذا لم نحقق الشروط، لا نحصل على نصف الوعد، بل نخسر الوعد كله.

فإذا تطهّرت قلوبنا بالفعل، تنتهي المشكلة. تذكر، حالة القلب تحدد ما يخرج من الفم؛ القلب الطاهر والصالح لا يخرج كلاماً نجساً؛ الكلام النجس يشير إلى قلب نجس.

إذاً، هناك مرحلتان مترابطتان في هذه الخطوة:

أولاً: نأتي إلى النور معترفين وتائبين إلى الله، وهو أمين وعادل ليغفر خطايانا؛ يمحو سجل الماضي وتزول تلك الأشياء التي تتمنى لو أنك لم تقلها، فتكون بالفعل كأنها لم تكن.

ثانياً: يطهر الله القلب، فيكون ما يخرج منه على لسانك طاهراً أيضاً، فإن كان قلبك يمجد الله، فكذلك شفتاك أيضاً. نعم، يعالج الله مرض اللسان والشفتين

من خلال تعامله مع حالة القلب الداخلية.

الخطوة الثالثة: ارفض الخطية، اخضع وسلم لله. رفض الخطية والخضوع لله وجهان لعملة واحدة، وينبغي الأخذ بهما معاً؛ ينبغي أن تقول «لا للخطية» و «نعم لله»، وكلا الجانبين ضروري، فلا يمكنك أن تقول «لا للخطية» من دون أن تقول «نعم لله»، لأن ذلك يولد فيك فراغاً لا بد أن يمتلئ مجدداً من المشكلة نفسها؛ لا يمكنك الهروب من الخطية من دون الخضوع والتسليم لله. يقول بولس في (رومية ٦: ١٢ـ ١٤):

«إذاً لاَ تَمْلِكَنَّ الْخَطِيَّةُ فِي جَسَدِكُمُ الْمَائِتِ لِكَيْ تُطِيعُوهَا فِي شَهَوَاتِهِ، وَلاَ تُقَدِّمُوا أَعْضَاءَكُمْ آلاَتِ إِثْمٍ لِلْخَطِيَّةِ، بَلْ قَدِّمُوا ذَوَاتِكُمْ لِلَّهِ كَأَحْيَاءٍ مِنَ الأَمْوَاتِ، وَأَعْضَاءَكُمْ آلاَتِ بِرٍّ لِلَّهِ. فَإِنَّ الْخَطِيَّةَ لَنْ تَسُودَكُمْ لأَنَّكُمْ لَسْتُمْ تَحْتَ النَّامُوسِ بَلْ تَحْتَ النِّعْمَةِ».

عندمــا تتحــداك الخطية، قل: «لا، لن أستسـلم لك، ولن أقدم أعضاء جسـدي لخدمتك، ولن أقدم - بشكل خاص - ذلك العضو الأكثر إثـارة للمشـاكل وهو اللسان. أيتها الخطية، لا يمكنك السيطرة على لساني فيما بعد»، ثم توجه إلى الله قـائلاً: «يا رب، أنا أسـلم لسـاني لك، وأطلب منك أن تسـيطر على هذا العضـو الذي لا أستطيع أن أسيطر عليه.»، انظر إلى ما يقوله يعقوب عن اللسان:

«لأَنَّ كُلَّ طَبْعٍ لِلْوُحُوشِ وَالطُّيُورِ وَالزَّحَّافَاتِ وَالْبَحْرِيَّـاتِ يُذَلَّلُ، وَقَدْ تَذَلَّـلَ لِلطَّبْعِ الْبَشَرِيِّ. وَأَمَّـا اللِّسَانُ فَلاَ يَسْتَطِيـعُ أَحَدٌ مِنَ النَّاسِ أَنْ يُذَلِّلَـهُ». (يعقوب ٣: ٧ - ٨).

عليك أن تقبـل حقيقة عدم قدرتك على تذليل (أو ترويض) اللسـان؛ قوة واحدة فقط تستطيع السيطرة علـى لسـانك دائمـاً، إنها قـوة الله بالـروح القدس، فعندمـا تغفر خطاياك ويتطهر قلبـك وتـأتي خطـايا

اللسان لكي تتحداك ثانية، عليك أن تقاوم قائلاً: «لن تتمكني من لساني فيما بعد، أنا أرفض تقديمه لكِ». ثم قل للروح القدس: «أيها الروح القدس، أنا أسلم لك لساني، سيطر عليه، لأنني لا أستطيع أن أفعل ذلك بنفسي»، إذاً هناك ثلاث خطوات لحل المشكلة:

أولاً: سمِّ المشكلة خطية، فهو اسمها الحقيقي.

ثانياً: اعترف بخطيتك، واقبل غفران الله وتطهيره.

ثالثاً: ارفض الخضوع للخطية، وصمم على التسليم لله.

الخضوع والتسليم هما قمة عملية التحرير والشفاء، فأنت تسلم لسانك للروح القدس، ذلك العضو الذي لا يمكن تذليله.

الفصل الثامن
الهدف من اللسان

سبق لنا ورأينا أن أصل كل مشكلة تتعلق باللسان يكمن في قلوبنا. ومن الواضح أن هذا يعني أن التعامل مع مشكلات اللسان ينبغي أن يبدأ من جذورها، أي من القلب. وتحدثنا عن الخطوات الثلاث التي ينبغي أن نخطوها في معالجة المشاكل المتأصلة في قلوبنا، والتي تظهر من خلال ألسنتنا:

أولاً: سمِّ المشكلة باسمها، أي الخطية؛ كن صادقاً مع نفسك، فالله لا يتعامل إلا على أساس الحق، والروح القدس هو روح الحق.

ثانياً: اعترف واقبل الغفران والتطهير حسب وعد الله في (١ يوحنا ١: ٩):

«إِنِ اعْتَرَفْنَا بِخَطَايَانَا فَهُوَ أَمِينٌ وَعَادِلٌ،

حَتَّى يَغْفِرَ لَنَا خَطَايَانَا وَيُطَهِّرَنَا مِنْ كُلِّ إِثْمٍ»، فالله لا يغفر خطايا الماضي فحسب، لكنه يطهر القلب أيضاً متعاملاً مع جذور المشكلة. بعد ذلك، تبدأ الثمار الجديدة بالظهور.

ثالثاً: ارفض الخطية واخضع لله؛ قل «لا للخطية» و «نعم لله»؛ ارفض الخطية وسَلِّمْ للروح القدس، فهو الوحيد القادر على أن يسيطر بقوة وفاعلية واستمرارية على لسانك.

دعونا ندرس جانب الخضوع والتسليم لله بصورة أوسع، وهو أحد جانبي الخطوة الثالثة، نحتاج أولاً أن نفهم السبب الذي من أجله أعطانا الخالق لساناً، ونجد مبتغانا هذا في كلمة الله المكتوبة، لكن ليس من خلال نص مباشر، فنحن هنا أمام أحد تلك الأمثلة الجميلة في الكتاب المقدس، حيث نستخلص فكرة من ربط فقرتين من الكتاب معاً، لنجد أنفسنا أمام إعلان جديد لا نراه في أيٍّ من

الفقرتين على انفراد.

أما الفقرتان في هذه الحالة فإحداهما من العهد القديم والأخرى من الجديد، الأولى هي الأصل والثانية هي اقتباس للفقرة نفسها بطريقة تجعل المعنى الخفي في العهد القديم ظاهراً وواضحاً. نقرأ أولاً من العهد القديم:

«**جَعَلْتُ الرَّبَّ أَمَامِي فِي كُلِّ حِينٍ. لأَنَّهُ عَنْ يَمِينِي فَلاَ أَتَزَعْزَعُ. لِذَلِكَ فَرِحَ قَلْبِي وَابْتَهَجَتْ رُوحِي. جَسَدِي أَيْضاً يَسْكُنُ مُطْمَئِنّاً**». (مزمور ١٦ : ٨ ـ ٩).

ونجد ترجمة أدق لهذه الكلمات في الترجمة اليسوعية حيث نجدها في (مزمور ١٥ : ٨ ـ ٩) حسب هذه الترجمة*:

* حسب هذه الترجمة: تعتمد بعض الترجمات (مثل بستاني وفاندايك والترجمة التفسيرية) التقسيم العبري للمزامير، بينما تعتمد غيرها (مثل الترجمة الكاثوليكية اليسوعية) التقسيم اليوناني كما في الترجمة السبعينية، وفي الترجمة اللاتينية المعروفة بـ«Vulgate»، حيث يُجمع المزموران ٩ و١٠ في مزمور واحد هو ٩، قم يقسم المزمور ١٤٧ إلى مزمورين هما ١٤٦، ١٤٧ أما الترجمة العربية الجديدة (المشتركة) فتعتمد التقسيم العبري، وتضع التقسيم اليوناني بين أقواس.

«جعلت الرب أمامي في كل حين، فإنه عن يميني فلا أتزعزع. لذلك فرح قلبي وابتهج مجدي وجسدي أيضاً سيسكن على رجاء».

في يوم الخمسين، وعندما حل الروح القدس على التلاميذ وجاءت جموع الناس تتساءل عما يحدث، قام بطرس وقدم عظته الشهيرة. وقد تحدث بطرس عن حياة يسوع وموته وقيامته، مستشهداً بمقاطع كثيرة من العهد القديم، لكي يبرهن أن يسوع هو المسيا ابن **الله** بالفعل. أحد المقاطع التي اقتبسها بطرس كان (مزمور ١٦: ٨ـ ٩)، ونجد نص الاقتباس في (أعمال ٢: ٢٥ ـ ٢٦) حيث يقول بطرس:

«لأَنَّ دَاوُدَ يَقُولُ فِيهِ: كُنْتُ أَرَى الرَّبَّ أَمَامِي فِي كُلِّ حِينٍ أَنَّهُ عَنْ يَمِينِي لِكَيْ لاَ أَتَزَعْزَعَ. لِذَلِكَ سُرَّ قَلْبِي وَتَهَلَّلَ لِسَانِي. حَتَّى جَسَدِي أَيْضاً سَيَسْكُنُ عَلَى رَجَاءٍ».

فإذا وضعنا العبارة «**لذلك فرح قلبي وابتهج**

مجدي» من العهد القديم مـع العبارة التي تقابلها مـن العهد الجديـد: «لِذَلِكَ سُرَّ قَلْبِي وَتَهَلَّلَ لِسَـانِي.»»، نجـد أن داود يقـول: «ابتهـج مجـدي»، بينمـا يفسر بطرس هذه الكلمات بالروح القدس قائلاً: «**وَتَهَلَّلَ لِسَانِي**». وهذا يشير إلى حقيقة أساسية هامة:

لسـاني هو مجدي! لمـاذا؟ لأن الخالـق أعطي لكل منا لسـاناً مـن أجل غرضٍ سـامٍ هو تمجيـده. بهذا المعنـى تكـون ألسـنتنا هـي مجدنـا، فاللسـان هو العضـو الذي نمجد به الخالـق ونرفعه فوق الجميع. وهذا يقودنا إلى نتيجة عظيمة الأهمية، وهي أن كل استخدام للسـان لا نمجد به **الله**، هو إساءة استخدام لذلـك العضـو، لأن الهدف الرئيسـي من اللسـان هو تمجيد **الله**. للنظر الآن في عبارة بولس المشهورة في (رومية ٣: ٢٣):

«**إِذِ الْجَمِيعُ أَخْطَـأُوا وَأَعْوَزَهُمْ مَجْدُ اللهِ**».

وفي الترجمة التفسيرية، كتاب الحياة: «لأن الجميع

قد أخطأوا، وهم عاجزون عن بلوغ ما يمجد الله».

ليس جوهر الخطية هو بالضرورة اقتراف جريمة ما، بل هو في عجز الإنسان عن تمجيد الله، أو عدم قدرته على الحياة لمجد الله، وقد يجادل أحدهم قائلاً: «هذا لا ينطبق عليَّ، فأنا لم أفعل ما يسيء إلى مجد الله». ولكني أسألك أن تفحص لسانك وكيف تستخدمه. تذكر، الهدف الأوحد من اللسان هو تمجيد الله، وكل استخدام لا يمجد الله هو استخدام خاطئ ولا أعتقد بوجود إنسان واحد يستطيع أن يقول بكل أمانة إنه استخدم لسانه كل الوقت لمجد الله. لذلك، ينبغي أن نقر بصدق ما ذهب إليه بولس عندما قال إن الجميع أخطأوا، وهم عاجزون عن بلوغ ما يمجد الله؛ فإن لم تكن هذه العبارة صادقة في كل نواحي الحياة الأخرى، على سبيل الجدل، فهي صادقة في ناحية اللسان بلا شك.

هناك نوعان من النار يلتقيان على لسان الإنسان:

أولاً: نـار مـن جهنم تُضرم في لسـان الإنسـان الخاطئ الغير مولود من الله. يقول يعقوب:

« فَاللِّسَـانُ نَارٌ! عَالَمُ الإِثْـمِ. هَكَذَا جُعِلَ فِي أَعْضَائِنَا اللِّسَانُ، الَّذِي يُدَنِّسُ الْجِسْمَ كُلَّهُ، وَيُضْـرِمُ دَائِـرَةَ الْكَوْنِ، وَيُضْرَمُ مِـنْ جَهَنَّمَ ». (يعقوب ٣: ٦).

هـذه النـار تأتـي مـن جهنم نفسـها، وثمرها ونتائجهـا جهنميـة. لكن نـاراً أخرى ظهـرت يوم الخمسـين، عندما كـوَّن الله مجتمـع المفديين الذين يريد أن يستخدمهم لمجده على الأرض، وكان مصدر تلك النـار مختلفاً أيضاً، فهـي نار الروح القدس الآتي من السماء لا من جهنم. وقد عملت تلك النار أولاً في ألسـنة أولئك المنتظرين في العليـة، فطردت نارُ الله نـار جهنم من ألسـنتهم القديمة؛ نعم، لقد تبدلت نارُ جهنم بنار الطهـارة والقداسـة وتمجيد الله وتعظيمه. لاحظ كلمات (أعمال ٢: ١ ـ ٤):

«وَلَمَّا حَضَرَ يَوْمُ الْخَمْسِينَ كَانَ الْجَمِيعُ مَعاً بِنَفْسٍ وَاحِدَةٍ، وَصَارَ بَغْتَةً مِنَ السَّمَاءِ صَوْتٌ كَمَا مِنْ هُبُوبِ رِيحٍ عَاصِفَةٍ وَمَلأَ كُلَّ الْبَيْتِ حَيْثُ كَانُوا جَالِسِينَ، وَظَهَرَتْ لَهُمْ أَلْسِنَةٌ مُنْقَسِمَةٌ كَأَنَّهَا مِنْ نَارٍ وَاسْتَقَرَّتْ عَلَى كُلِّ وَاحِدٍ مِنْهُمْ. وَامْتَلأَ الْجَمِيعُ مِنَ الرُّوحِ الْقُدُسِ، وَابْتَدَأُوا يَتَكَلَّمُونَ بِأَلْسِنَةٍ أُخْرَى كَمَا أَعْطَاهُمُ الرُّوحُ أَنْ يَنْطِقُوا».

لقد عمل الروح القدس في ألسنتهم أولاً، إذ محنتهم نار الله من السماء أسلوباً جديداً يستخدمون به تلك الألسنة. ويؤكد الكتاب بعد ذلك بأن كل ما كانوا يقولونه بعد ذلك إنما كانوا يعظمون به الله ويمجدونه؛ صاروا يستخدمون ألسنتهم في الغرض الذي خلقت من أجله: تمجيد الله. والمفتاح هنا هو تسليم اللسان للروح القدس. هذا ما يؤكده بولس في (أفسس ٥: ١٧ ـ ١٨):

«مِنْ أَجْلِ ذَلِكَ لاَ تَكُونُوا أَغْبِيَاءَ بَلْ فَاهِمِينَ مَا هِيَ مَشِيئَةُ الرَّبِّ. وَلاَ تَسْكَرُوا بِالْخَمْرِ الَّذِي فِيهِ الْخَلاَعَةُ، بَلِ امْتَلِئُوا بِالرُّوحِ».

ينبغي أن ناخذ هاتين الوصيتين معاً كما هما في السياق: السُّكْر بالخمر خطية، لا خلاف على ذلك؛ ولكن عدم الامتلاء بالروح القدس هو خطية أيضاً! فوصية الأمر ليست أقل أهمية من وصية النهي.

ويوحي النص بنوعين مختلفين من السُّكْر: السُّكْر بالخمر، والسُّكْر بالامتلاء بالروح القدس أو من الروح. وقد تقبل هذه الحقيقة إذا تذكرت ما حدث يوم الخمسين، عندما امتلأ الجميع بالروح القدس فوصفهم المستهزئون بالسكارى. والواقع أنهم، وإن لم يكونوا سكارى بالخمر، كانوا سكارى بامتلائهم من الروح القدس، الأمر الذي يختلف تماماً عن سُكْر الخمر. بعد ذلك يتابع بولس قائلاً:

«مُكَلِّمِينَ بَعْضُكُمْ بَعْضاً بِمَزَامِيرَ وَتَسَابِيحَ

وَأَغَانِي رُوحِيَّةٍ، مُتَرَنِّمِينَ وَمُرَتِّلِينَ فِي قُلُوبِكُمْ لِلرَّبِّ. شَاكِرِينَ كُلَّ حِينٍ عَلَى كُلِّ شَيْءٍ فِي اسْمِ رَبِّنَا يَسُوعَ الْمَسِيحِ، لِلَّهِ وَالآبِ». (أفسس ٥: ١٩-٢٠). لاحظ الكلمة «مكلمين» والتي تأتي مباشرة بعد العبارة «**امتلئوا بالروح**».

وفي العهد الجديد خمسة عشر موضعاً تصف أناساً ممتلئين أو يمتلئون بالروح. في كل موضع منها، كان الإظهار الأول يبدأ في الفم، فـ«من فضلة القلب يتكلم الفم».

عندما تمتلئ بالروح القدس، يأتي الإظهار الأول من خلال فمك؛ فيبدأ باستخدام لسانك للتسبيح والترتيل والشكر وكل كلام يمجد الله ويبني الآخرين، عوضاً عن التذمر والتشكي والانتقاد ودفع الآخرين إلى عدم الإيمان. وهكذا يتحوّل اتجاه استخدام لسانك كلياً من السلب إلى الإيجاب.

ينبغي أن يكون لكل حلٍّ من حلول مشاكل الخطية

اتجاهـاً إيجابياً، فـلا يكفي أن نتوقـف عن ارتكاب خطيـة مـا، بـل ينبغي أن نتسلَّحَ بالـبر، لا يكفي أن نمنـع إبليـس من الوصـول إلى ألسـنتنا، بـل ينبغي أن نسـلم ألسـنتنا للروح القدس. «امتلئـوا بـالروح... مكلمين»، هذا هو العلاج.

الفصل التاسع

أهمية الاعتراف

نـرى في هذا الفصـل كيف أنَّ اسـتخدام اللسـان بصورة صـحيحـة، يربطنا - بطريقة خاصة - بيسوع المسـيح رئيس كهنتنـا. أمـا خدمة يسـوع كرئيس كهنة، فهي خدمة أبدية مستمرة في السماء؛ فبعد أن تعامل مع خطايانا بموته وقيامته وصعوده، دخل يسوع في مجـال خدمة رئيس كهنتنـا الأبدي الذي يمثلنـا في حضـرة الله. ويعمل الرب يسـوع كرئيس كهنـة لنا بشرط واحد، وهـو أن نعـترف الاعتراف الحسـن بألسـنتنـا. وهذا ما يقوله كاتب الرسالة إلى العبرانيين:

« مِـنْ ثَمَّ أَيُّهَـا الإِخْوَةُ الْقِدِّيسُـونَ، شُرَكَاءُ الدَّعْـوَةِ السَّمَاوِيَّـةِ، لاَحِظُوا رَسُـولَ اعْتِرَافِنَا وَرَئِيسَ كَهَنَتِهِ الْمَسِيحَ يَسُوعَ » (عبرانيين ٣: ١).

لاحظ أن يسوع هو رئيس كهنة اعترافنا، فاعترافنا هو ما يربطنا بيسوع المسيح كرئيس كهنة. أما الإيمان المجرد الفارغ من الاعتراف، فإنه يعيق عمل رياسة الكهنوت من أجلنا. فاعترافنا المنطوق، لا إيماننا الصامت، هو قاعدة عمل المسيح كرئيس كهنة اعترافنا.

من المهم جداً أن نعلن اعترافنا الحسن وأن نحافظ عليه. وتعني كلمة «اعتراف» حرفياً: «أن تقول الشيء نفسه»؛ فالاعتراف في سياق موضوعنا هو أن نقول بأفواهنا ما يقوله الله في كلمته، أي أن تتوافق كلماتنا المنطوقة مع كلمة الله المكتوبة.

عندما نجعل كلماتنا تتفق بإيمان مع ما يقوله في كلمته، يستطيع يسوع أن يُمارس خدمته كرئيس كهنة فيمثلنا في حضرة الله، إمّا إذا نطقنا باعتراف خاطئ، فإننا نعيق خدمته هذه. يعتمد الأمر كله على اعترافنا، فهو الذي يحدد علاقتنا بيسوع المسيح كرئيس كهنة. هذا ما تؤكده الرسالة إلى العبرانيين

مرة تلو المرة، فبالإضافة إلى (عبرانيين ٣: ١) نقرأ (عبرانيين ٤: ١٤) ما يلي:

«فَإِذْ لَنَا رَئِيسُ كَهَنَةٍ عَظِيمٌ قَدِ اجْتَازَ السَّمَاوَاتِ، يَسُوعُ ابْنُ اللهِ، فَلْنَتَمَسَّكْ بِالإِقْرَارِ (أي الاعتراف)».

فالإقرار، أو الاعتراف، هو الذي يحافظ على صلتنا بيسوع كرئيس كهنة عظيم. ونقرأ في الرسالة إلى العبرانيين مرة أخرى:

«فَإِذْ لَنَا أَيُّهَا الإِخْوَةُ ثِقَةٌ بِالدُّخُولِ إِلَى «الأَقْدَاسِ» بِدَمِ يَسُوعَ، طَرِيقاً كَرَّسَهُ لَنَا حَدِيثاً حَيّاً، بِالْحِجَابِ، أَيْ جَسَدِهِ، وَكَاهِنٌ عَظِيمٌ عَلَى بَيْتِ اللهِ، لِنَتَقَدَّمْ بِقَلْبٍ صَادِقٍ فِي يَقِينِ الإِيمَانِ، مَرْشُوشَةً قُلُوبُنَا مِنْ ضَمِيرٍ شِرِّيرٍ، وَمُغْتَسِلَةً أَجْسَادُنَا بِمَاءٍ نَقِيٍّ. لِنَتَمَسَّكْ بِإِقْرَارِ الرَّجَاءِ رَاسِخاً، لأَنَّ الَّذِي وَعَدَ هُوَ أَمِينٌ».

(عبرانيين ١٠: ١٩ - ٢٣).

ففي كل مرة يتحدث فيه الكتاب عن يسوع كرئيس كهنة، يتحدث أيضاً عن ضرورة التمسك باعتراف الإيمان واعتراف الرجاء؛ فاعترافنا - كما ذكرنا - يربطنا بيسوع كرئيس كهنتنا، فإن لم نتمسك بهذا الاعتراف، نعيق عمل يسوع الكهنوتي من أجلنا. والواقع أن الاعتراف ضروري من أجل خلاصنا:

«اَلْكَلِمَةُ قَرِيبَةٌ مِنْكَ فِي فَمِكَ وَفِي قَلْبِكَ» أَيْ كَلِمَةُ الإِيمَانِ الَّتِي نَكْرِزُ بِهَا لأَنَّكَ إِنِ اعْتَرَفْتَ بِفَمِكَ بِالرَّبِّ يَسُوعَ، وَآمَنْتَ بِقَلْبِكَ أَنَّ اللهَ أَقَامَهُ مِنَ الأَمْوَاتِ، خَلَصْتَ. لأَنَّ الْقَلْبَ يُؤْمَنُ بِهِ لِلْبِرِّ، وَالْفَمَ يُعْتَرَفُ بِهِ لِلْخَلاَصِ». (رومية ١٠: ٨ - ١٠).

نلاحظ ثانيةً ذلك الارتباط المباشر بين القلب والفم، فمن فضلة القلب يتكلم الفم، كما قال يسوع. والخلاص يعتمد على أمرين: الإيمان في القلب، والاعتراف بالفم. أما الكلمة «خلاص» في الكتاب المقدس، فهي كلمة كبيرة وشاملة لكل بركات الله

وإحساناته التي توفرت لنا من خلال موت يسوع المسيح، فهي تتضمن البركات المادية والجسمية والروحية، المؤقتة منها والأبدية. كل هذه البركات التي اشتراها لنا يسوع بموته، تتخلص في كلمة واحدة هي «الخلاص».

ولكي نختبر ملء خلاص **الله** في كل نواحي حياتنا، ينبغي أن نعترف الاعتراف الحسن؛ ينبغي أن نقول بأفواهنا ما يقوله **الله** في كلمته. وعندما يتوافق اعترافنا مع كلمة **الله**، نكون في طريقنا إلى ملء بركات **الله** المذخرة لنا في الخلاص، ونتمتع بخدمة المسيح في السماء كرئيس كهنتنا الأعظم، فما الذي يمنعنا بعد ذلك من الدخول إلى ملء خلاصنا؟ نعم، إن اعترافنا يربطنا برئيس كهنتنا، لذلك فإن ما نقوله بأفواهنا يحدد مستوى اختبارنا.

دعونا نعود باختصار إلى التوضيح الذي يشبه اللسان بدفة السفينة في رسالة يعقوب:

«لأَنَّ كُلَّ بَيْتٍ يَبْنِيـــهِ إِنْسَانٌ مَا، وَلَكِنَّ بَانِيَ الْــكُلِّ هُـــوَ اللهُ. وَمُوسَـى كَانَ أَمِينـــاً فِي كُلِّ بَيْتِـــهِ كَخَادِمٍ، شَهَادَةً لِلْعَتِيـــدِ أَنْ يُتَكَلَّمَ بِـهِ». (يعقوب ٣: ٤ ـ ٥).

تمثل الدفة بالنسبة إلى السفينة ما يمثله اللسان بالنسـبة إلى الجسـد أو إلى الحيـاة؛ اسـتخدام الدفة بشـكل صحيـح يوجه السفينة وجهة صحيحة، أما استخدامها بشكل سيئ فيؤدي إلى انكسار السفينة. والأمر نفسـه مع اللسـان، اسـتخدام اللسـان بشكل صحيـح يقودنا إلى النجاح وإلى الخلاص في ملئه، أمـا اسـتخدامه بشـكل سـيء فيـؤدي إلى الانكسـار والفشل.

تتحـرك السـفينة بالاتجـاه الـذي يحـدده المدير (قائـد الدفة)، وذلك بواسـطة إدارة الدفة بالطريقة المناسـبة. قد تكون سفينة كبيرة عابرة للمحيطات، وهنـاك قبطان ذو خبرة واسـعة مسئول عنها، إلا أن

مسئولية إدارة الدفة ينبغي أن تُعطي لرجل مختص بذلك، ولا يجوز للقبطان أن يقوم بذلك الدور بدلاً منه، خاصة عندما يأتي وقت إرساء السفينة إلى الميناء. لقد صار من المتعارف عليه عالمياً أن يصطحب القبطان مختصاً بإدارة الدفة، يتحمَّل مسئولية توجيه السفينة وتأمينها إلى الميناء.

قد نشعر أنا وأنت بأننا أكفاء لإدارة حياتنا، ولكن هناك دائماً مواقف وأوضاع لا نستطيع التعامل معها، الأمر الذي يتطلب الاستعانة بـ «مدير» يتحمل مسئولية قيادة سفينة حياتنا، فمن هو هذا المدير؟ إنه الروح القدس بالطبع! فله وحده القدرة على مساعدتنا في استخدام ألسنتنا بصورة حسنة، معترفين الاعتراف الحسن.

الروح القدس هو روح الحق وهو روح الإيمان؛ فعندما يكون هو محرك أحاديثنا والمسيطر على كلماتنا، تصبح جميعها إيجابية ونافعة، تُمجد الله

وتجـذب بركاتـه إلى حياتنا. ألا نـحتـاج جميعاً إلى الروح القدس لتسـيير سـفينة حياتنا وإدارة دفتها (اللسـان)؟ نعـم، فالـروح القدس هو الحـل الأعظم لمشكلة لسان الإنسان.

يسـمح الله لنـا بالفشـل أحياناً، ويقـول: «لا أحد منكم يسـتطيع أن يضـبط لسـانه بنفسـه.» ثم يقول: «لكنني أرسـلت مديراً، فهل من يدعوه إلى قيادة دفة السـفينة؟» والآن، مـا عليك سـوى التجاوب مـع دعوة الله ببسـاطة، وقـد تكون الصـلاة المقترحـة التالية بداية حسنة:

أيها الروح القدس، أنا لا أستطيع أن أضبط لساني؛ تعال يا روح الله وسيطر عليه، أنا أسلم حياتي لقيادتك، أعطني لساناً يمجد الله.

آميـــن

نبذة عن المؤلف

ولد «ديريك برنس» في الهند عام ١٩١٥ من والدين بريطانيين. تعلم اليونانية واللاتينية في اثنتين من أشهر المؤسسات التعليمية في بريطانيا العظمى هما: كلية أيتون وجامعة كامبردج. والتحق بعضوية كلية «kings» للفلسفة القديمة والمعاصرة في الفترة ما بين (١٩٤٠-١٩٤٩) في كامبردج. درس اللغات العبرية والآرامية كما يجيد عدداً من اللغات الحديثة.

في السنوات الأولى من الحرب العالمية الثانية، وبينما كان يخدم في الفيلق الطبي للجيش الملكي البريطاني، تقابل «ديريك برنس» مع الرب يسوع المسيح فتغيرت حياته، وهو يكتب عن هذا الاختبار قائلاً: «بعد أن تعرفت على المسيح استنتجت حقيقتين، لم أعرف سبباً واحداً يدعوني إلى التخلي عنهما:

١ـ إن يسوع المسيح حي.

٢ـ إن الكتاب المقدس صحيح ومناسب لكل زمان. لقد غيّرت هاتان الحقيقتان مسار حياتي كلها بطريقة جذرية».

تزوج «ديريك» من زوجته الأولى «ليديا» وتبنى تسع بنات. وعام ١٩٧٥ رقدت «ليديا» فتزوج «ديريك» زوجته الحالية «روث» عام ١٩٧٨.

وصل «ديريك» بأسلوبه اللاطائفي إلى أناس من مختلف الخلفيات العرقية والدينية. وهو معروف كأحد رواد تفسير الكتاب المقدس في العالم. وقد نشر أكثر من ثلاثين كتاباً، تُرجم بعضها إلى أكثر من خمسين لغة.